日本縦断客車鈍行の旅

―昭和五十一年夏、旧型客車で稚内から長崎へ―

田中正恭

KLASSE BOOKS

＊目　次

日本縦断客車鈍行の旅

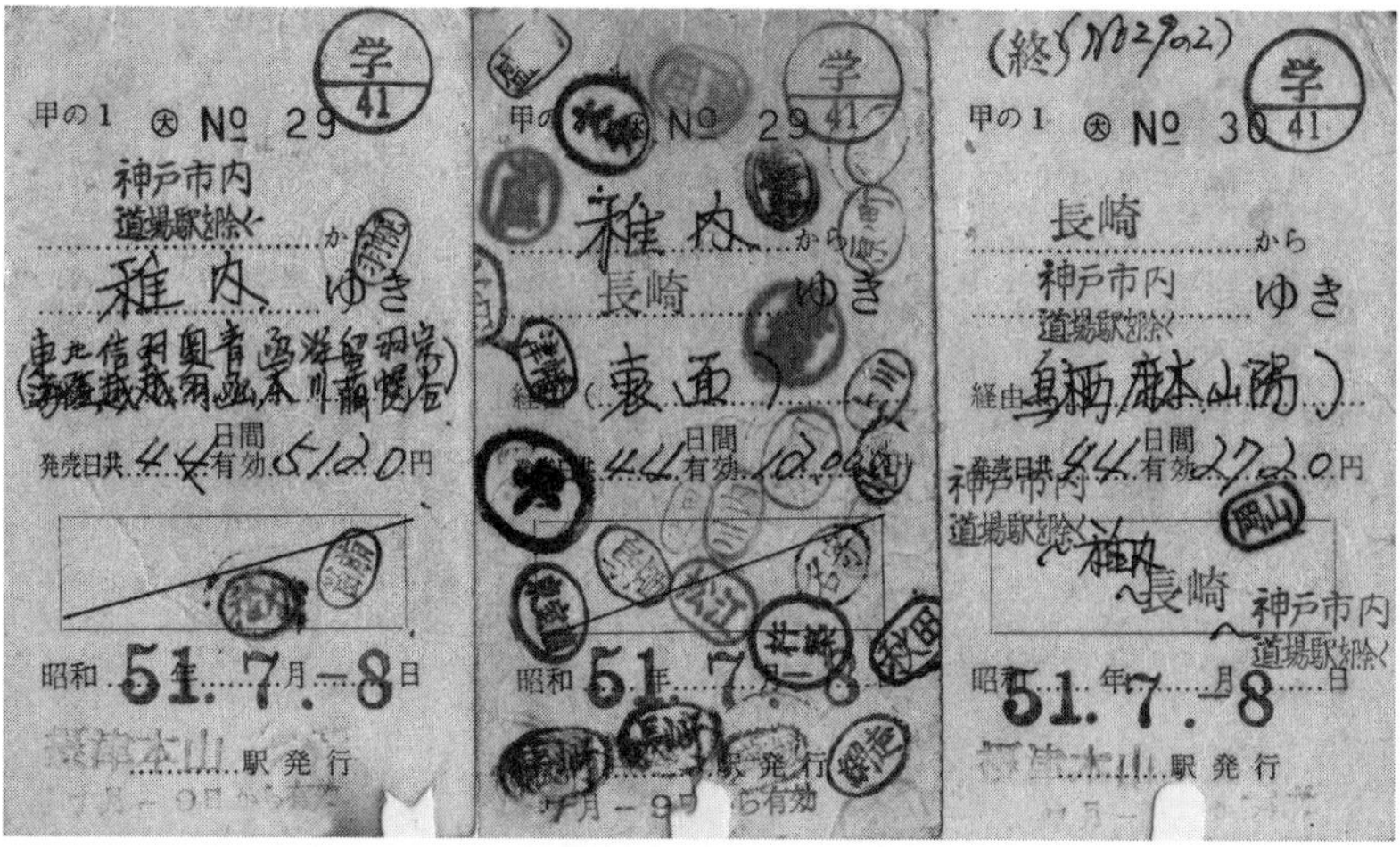

学 41
甲の1 № 29
神戸市内
道場駅を除く
から
稚内 ゆき
発売日共 有効 日間
昭和 51年 7月 8日
駅発行
甲の1 № 29
稚内 から
長崎 ゆき
経由
昭和 51 7 8
7月－9日まで有効
(終)
甲の1 № 30
長崎 から
神戸市内
道場駅を除く
ゆき
経由
有効 日間
昭和 51. 7. 8
駅発行

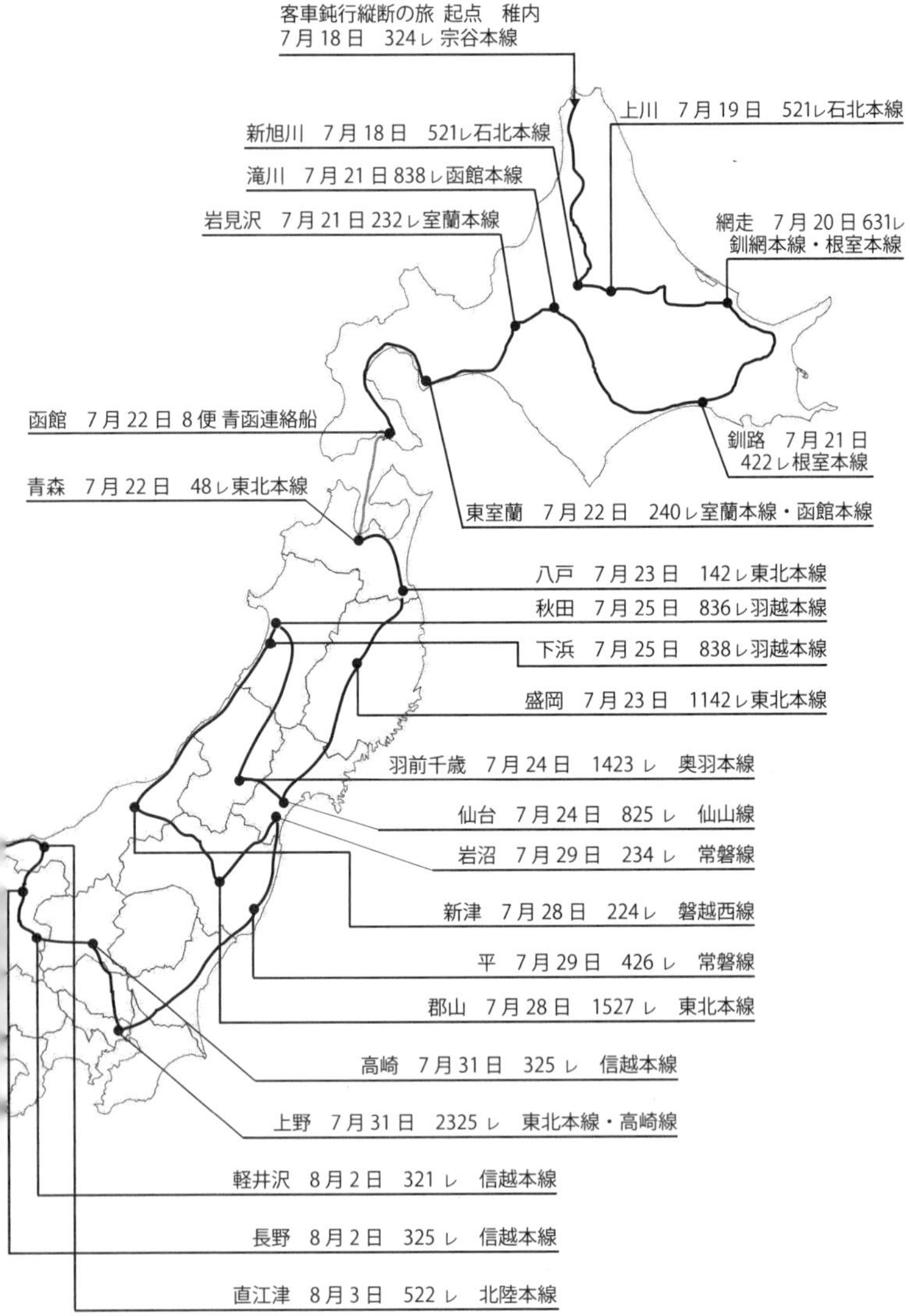

客車鈍行縦断の旅 起点　稚内
7月18日　324レ 宗谷本線
上川　7月19日　521レ石北本線
新旭川　7月18日　521レ石北本線
滝川　7月21日 838レ函館本線
岩見沢　7月21日 232レ室蘭本線
網走　7月20日 631レ
釧網本線・根室本線
函館　7月22日 8便 青函連絡船
釧路　7月21日
422レ根室本線
青森　7月22日　48レ東北本線
東室蘭　7月22日　240レ室蘭本線・函館本線
八戸　7月23日　142レ東北本線
秋田　7月25日　836レ羽越本線
下浜　7月25日　838レ羽越本線
盛岡　7月23日　1142レ東北本線
羽前千歳　7月24日　1423レ　奥羽本線
仙台　7月24日　825レ　仙山線
岩沼　7月29日　234レ　常磐線
新津　7月28日　224レ　磐越西線
平　7月29日　426レ　常磐線
郡山　7月28日　1527レ　東北本線
高崎　7月31日　325レ　信越本線
上野　7月31日　2325レ　東北本線・高崎線
軽井沢　8月2日　321レ　信越本線
長野　8月2日　325レ　信越本線
直江津　8月3日　522レ　北陸本線

昭和51年夏
日本縦断客車鈍行の旅
全行程経路

●乗り換え駅の着発時刻は各章末に記載

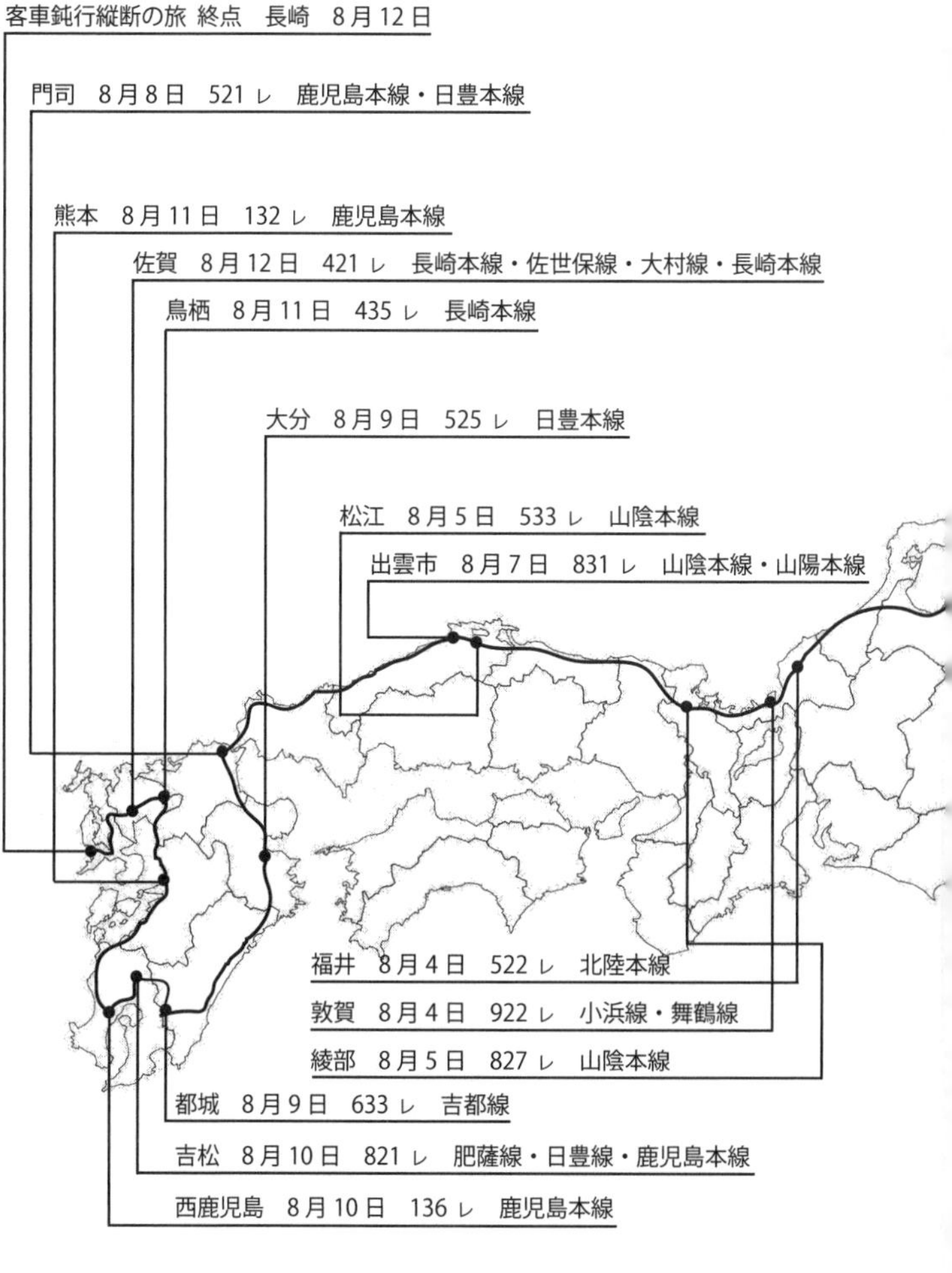

旅のプロローグ

幼少のころ、東海道本線の線路の脇にいると、走ってきた茶色い客車のデッキに立つ客が、開けっ放しのドアの脇で外を眺めていたことを記憶している。「汽車が来たら、頭の上からうんこが落ちてくるかもしれないからガードの下をくぐってはいけないよ」と、よく親に言われたものだ。

今からおよそ四〇年前、昭和五〇年代初頭までは、全国各地の主要幹線や一部のローカル線では、機関車に牽引された客車列車を数多く見ることができた。使用されていた客車は、戦前戦後に製造された古色蒼然としたもので、車両の両端にあるデッキのドアは手動式の開き戸で、開けっ放しで走っていることが日常茶飯事だった。トイレは線路に垂れ流しだったので、踏切などによく汚物が付着していた。これは、俗に「黄害」と呼ばれ、保線区員を大いに悩ませた。トイレの入口には、

「停車中は使用しないで下さい」との表示があったが、これは駅構内を汚さないようにするためである。北陸トンネルなどの長大なトンネルを通過する直前には、必ず使用自粛を呼びかけるアナウンスがあった。車内には冷房もなく、夏になると扇風機が暑い車内の空気をかき回しているだけだった。蒸気機関車時代には、トンネルに入ると車内が煤だらけになるので、あわてて窓を閉めたものである。

一方、真冬の雪国では、手動式のドアに雪が吹き込み開閉するのが大変だったし、便器の穴から雪が吹き上げてトイレが真っ白になるので、用を足すのが大変だった。網棚は文字通り網でできており、古い客車は壁や座席の背もたれが木製であった。客車は地味なこげ茶色が主流で、比較的新しい車両は青く塗装されていた。こげ茶色の客車は、蒸気機関車に実によく似合った。こうした客車は、普通列車だけでなく、急行列車にも多く使用され、夜行列車の大半はこのような〝旧型客車〟と呼ばれた客車列車だった。

これらの客車は、直角の四人掛けのボックス席が並んでいて、決して乗り心地のよいものではない。だが、車両に動力がついていないため、停車時にはおどろくほど車内が静かになり、冬になるとスチーム暖房の白い湯気が立ち上るのが車窓から見え、一種独特の風情があった。真冬の五能線で、甲高い咆哮をあげて走る８６２０形蒸気機関車に牽引され、古びた客車に揺られた遠い日のことは忘れない。土地の人の津軽弁は何を話しているのか難解ではあったが、それを聞いているだけで、旅の情緒がかきたてられた。

全国各地で、夏は開け放った窓からの心地よい風を浴びながら、冬は一面の雪景色を眺めながら、偶然居合わせた土地の人や旅人たちと、一期一会の会話を交わしたものである。

そんな旧型客車は、昭和五〇年に蒸気機関車が全廃されたあとも、ディーゼル機関車や電気機関車に牽引されて走り続けていたが、やがて、急行列車は自動ドアで空調完備の12系や14系、普通列車は50系客車へと、新型客車に次々と置き換えられて、数が少なくなっていく。そして、一九八五（昭和六〇）年の山陰本線を最後に、全国の国鉄線内から旧型客車が全廃された。その後、さらに電車や気動車への置き換えが進み、今や定期運行される客車列車はすべて姿を消してしまったのである。

私は時間が自由に使える学生時代のうちに、列車で日本を一周したいと考えていた。卒業して社会人になったら、なかなかそうも自由にはいかないだろうと一考したわけである。

当時、日本一周ひと筆書きの旅が話題になっていた。二万キロ余の国鉄線を、同じ駅を二回通らずに、できるだけ長い距離を一枚の切符で旅しようというものである。ＪＲになっても同じだが、当時の国鉄の旅客営業規則では、同じ駅を二回通らない限り、出発駅からどのような経路を通っても、目的地までの乗車券を買うことができる。たとえば、大阪から青森まで行くのに、東京を経由して新幹線で行くこともできれば、金沢や秋田を経由して日本海回りで行くこともでき、それぞれの距離に応じて運賃が計算されるのだ。長距離の乗車券は、原則として二〇〇キロ毎に有効期限が一日加算され、その経路の途中にある駅で切符を回収されずに下車することができる。その途中下車のルールを最大限に活用し、同じ駅を通らないようにできるだけ距離が長くなるように迂回しながら国鉄線を辿ると、襟裳《えりも》岬の手前にある北海道の広尾駅（一九八七年廃止）から、開聞岳の麓を走る鹿児島県の枕崎駅まで一万三二六七・二キロ、六八日間有効の乗車券が発券可能であった。これが、当時の日本一長い乗車券である。

そのころ、多くの旅人たちがこの切符を使って日本一周をし、鉄道紀行作家の宮脇俊三氏も一九七九（昭和五四）年にこの切符を使った旅の記録を『最長片道切符の旅』という作品として上梓されている。なお、この経路は新線の開通や、路線の廃止により大幅に変更になるため、多くのローカル線が廃止された現在では、同じ経路の切符を作ることはできない。

学生時代に、何かひとつ、記録に残るような旅をしたいと考えていた私は、多くの先人たちが辿った最長片道切符とは別の形で、日本一周を実行したいと考えた。それが、「日本縦断客車鈍行の旅」

であった。

つまり、その当時、客車鈍行が走っている区間だけを通る最長切符を作り、すべての区間を客車鈍行だけを使って日本縦貫の旅をしようという壮大な計画である。


客車鈍行とは、機関車が客車を引っ張って走る普通列車のことである。多くの日本人は、線路の上を走る列車はすべて電車だと思っているが、そうではない。旅客列車には大きく分けて、電気で自力走行する電車、ディーゼルエンジンで走る気動車、それに機関車が牽引しないと自力では走れない客車列車の三種類がある。今日の日本の鉄道は、電化区間においては電車、非電化区間においては気動車が大半を占めているが、鉄道の歴史をひもとけば、列車は人や荷物を乗せた車両を、何らかの動力によって軌道の上を牽引するのが一般的であった。明治時代に開業した陸蒸気は、蒸気機関車が牽引する客車列車である。鉄道黎明期には、蒸気機関車のほか、馬や人力が動力だったこともあるが、やがて電気機関車やディーゼル機関車の発明により鉄道は飛躍的に発達していった。

以来、旅客列車の主力は客車列車であり、電車は都市近郊の一部地域でしか走っていなかった。電車や気動車が一般的になるのは、昭和四〇年代以降になってからのことである。

世界的にみれば現在も客車列車が主力であり、シベリア鉄道や、アメリカのアムトラック、オーストラリアのインディアンパシフィックなどの大陸横断鉄道からフランスのＴＧＶ、韓国のＫＴＸ

などの高速列車に至るまで、ほとんどの列車は電車ではなく、客車列車である。
日本においては、都市近郊区間を中心に、徐々に電車が旅客輸送の主力となってゆき、今日では、全国で機関車が牽引する客車列車は、一部の観光用臨時列車だけになってしまった。

私はこの旧式の客車列車をこよなく愛していた。開け放たれたドアの脇の手すりにつかまって、走る列車の風に吹かれながら、しばしば外を眺めていた。小さな駅に停車した時、物音ひとつしない静寂が訪れる。やがて、哀愁を帯びた汽笛の音に続き、ガクンという機関車からの振動が、客車に直に伝わってくる。ゆっくり、ゆっくりと、まるで名残を惜しむかのように駅から離れて行くさまは、まるで岸壁を離れる汽船のようだった。主要駅に発着する時に車内に流れるオルゴールの音も、旅情をかきたててくれた。そのすべてが魅力的で、たまらなく好きだった。

蒸気機関車が現役を引退するまでの数年間、私はカメラと三脚を抱えてひたすらその姿を追って各地を奔走した。だが、全国のすべての国鉄線から蒸気機関車が姿を消すと、私の情熱は旧型客車へと向っていった。客車列車なら、牽引する機関車は、蒸気でなくても、ディーゼルでも電気でもかまわなかった。

私は分厚い時刻表を隅から隅まで舐めるように確認した。そして、その時点で客車鈍行が走っているすべての路線を拾い出した。当時、夜行の急行列車の大半は客車列車だったが、あえて、普通列車だけを対象とすることにした。

その結果、北海道最北端の稚内駅から九州の長崎駅までの五三〇四・八キロメートルのルートが確定した。南紀を一周する紀勢本線を加えたかったが、天王寺～大阪間の大阪環状線に客車列車がないので断念した。四国も、接続する経路に客車列車のない路線があるので、ルートに加えることができなかった。そのため、最長片道切符と比べると距離は短いが、利用する列車のすべてが客車列車だというのは先例のないことで、今では絶対にできない希少な経験である。その経路の中には電車や気動車なら何本もあるが、客車列車は一日にほんの数本しかないという区間もたくさんあり、乗る列車を限定すると、計画の立案が大変だった。

だが、夏休み中でもあり、特にいつまでに帰るとか綿密なスケジュールは立てず、自由気ままに行くことにした。時刻表には、そのルートにある、すべての客車鈍行列車を黄色くマーキングしておいた。

あわせて、その当時、国鉄全有人駅の入場券の収集を目標にしていたので、経路内のできるだけ多くの駅の入場券を買い集めることにした。

切符は、自宅のある神戸市内から稚内、稚内から長崎、長崎から神戸市内という、三枚に分かれた連続乗車券を、自宅最寄りの摂津本山駅で作ってもらった。連続乗車券とは、乗車区間が重複する場合に、それぞれの区間を分けて、連続する区間に対して発行する乗車券のことで、こうやって買うと有効期間が三枚の合算になるほか、学割証も一枚で済むのである。三枚あわせて学割で一万九八四〇円、四四日間有効であった。（当時、連続乗車券は三区間まで同時に発行できたが、現在は二区間までである）

こうした切符を作るのに、今なら窓口のコンピュータを叩けば短時間でできるが、当時はすべて算盤で区間毎の距離を計算して運賃を調べ、手書きで作っていた。そのため、このような複雑な切符を作ってもらう時には、駅の窓口で他の乗客に迷惑にならないよう、深夜に依頼して、翌日、取りに行くことにしていた。そのころ、駅の窓口は、始発から最終列車が発車するまで営業していたのである。

そして、一九七六（昭和五一）年七月九日、大阪駅の1番ホームから青森行の特急「白鳥」で、客車鈍行の旅の出発地点、稚内に向けて旅立ったのだった。当時、私は大学の「旅と鉄道愛好会」の会長として活動していた。この会は、当時発刊された鉄道ジャーナル社発行の『旅と鉄道』や、レイルウェイ・ライターの種村直樹氏のベストセラー『鉄道旅行術』をバイブルに、自由で簡素な汽車旅をすることを目的として、私がその前年に設立したのであった。このサークルは、その後、旅愛好会と名称を変えて四〇年近く活動を続けたが、近年、解散してしまったのは、誠に寂しい限りである。

旅立ちの朝、その愛好会の後輩女性が、大阪駅まで見送りに来てくれた。それまで、人に見送られて旅立ったことはなかったので、どれだけ嬉しかったことか。そして、この長い旅の途中、島根県の出雲市に到達した時に、同じユースホステルで彼女やその友人と再会する約束をしていた。行き当たりばったりの気ままな旅の中で、唯一、その日だけは宿を予約していたのだった。

大阪から日本海に沿って青森までの一〇四〇キロを走っていた特急「白鳥」は、世界最長距離を走る特急電車だった。前述の通り、世界の鉄道は客車列車が主流であり、電車は都市近郊の短距離区間を走っている場合が多い。日本は電車が極端に発達し、こんな小さな国の中を走る電車列車の延べ運行距離が世界一だったのである。大阪~青森間の「白鳥」は、その後二〇〇一（平成一三）年に廃止された。その時、「白鳥」から乗り継いだ青函連絡船「津軽丸」のデッキで、私は次のような旅日記をしたためている。

「四〇日にも及ぶ鉄道ロングラン日本一周のスタートである。最近、思うことだが、あまりにも旅をしすぎて、ダラダラと無意味な旅をしているんじゃないか……家にいる方が楽だし、金も使わなくてすむ。変な義務感にかられてやっているんだったら、やめた方がましなんじゃないか……けれど、列車に揺られ、家から遠ざかるにつれ、そんな雑念も薄らいでいった。」

当時、一年に何回も長期の一人旅に出て、日本中を東奔西走していた。小学校四年の時、担任の先生から「一日五分でいいから毎日地図帳を眺めてごらん」と言われ、それを忠実に実行した。毎日、五分どころか、三〇分でも一時間でも地図を眺めていた。そうするうちに日本中の町の名前をほとんど暗記してしまい、そして、いつかはこれらすべての町に行ってみたいと思うようになった。

やがて、鉄道の面白さに目覚めると、あわせて日本中の国鉄のすべての路線に乗ってみたいと思うようになった。国鉄が富士フイルムとタイアップして「いい旅チャレンジ20000キロ」という国鉄全線完乗キャンペーンを始める一〇年以上も前のことである。

それに加えて、国鉄全駅の入場券を集めることを目標にしたが、それは大変なことだった。そのために、ゆっくりと車窓風景を眺めてばかりもいられなかった。

ほとんどが一人旅だったが、道中は常にひとりぼっちというわけではなく、しばしば、誰かと話していた。この旅のスタイルは今でも変わらない。すぐに他人と仲良くなれる性格が幸いして、旅先で知り合った旅の道連れや、地元の人、国鉄職員などと親しく会話するのが楽しみだった。時給二八〇円でアルバイトして貯めたお金を旅費にするプアな学生だったので、決して豪華な旅はできなかったが、多くの人たちと話しながら、リュックを背負い、時には野宿やヒッチハイクをするような貧乏旅行が楽しくて仕方がなかった。

だが、その時すでに一人旅を始めてから五年、そんな旅にすっかり慣れてしまった私は、最初のころのような新鮮な喜びが薄れ、まるで義務感に縛られているようなマンネリを感じていた。そんな心情を吐露したのが、旅立ちの日の日記であった。

けれども、時間の自由が利く学生時代にやらねば、一生後悔するだろうと考え直し、この旅立ちの日を迎えたのである。そして、その長い旅が終わった時、大きな達成感を味わうことができたのだった。

本稿は、そんな若き日の私の旅日記である。客車鈍行が全廃されてしまった今、あの味わい深い鈍行列車の旅を楽しむことはできないが、当時の国鉄の情景を回想しながら、現在の各地のようすとオーバーラップさせながら綴ってみたいと思う。

鉄道を取り巻く環境は大きく変化した。国鉄は分割民営化されてＪＲとなり、青函トンネルと瀬戸大橋によって、本州と北海道、四国、九州は線路で結ばれた。当時、東京～博多間だけだった新幹線が、今や鹿児島中央から北海道の新函館北斗までつながった。

だが、その一方でローカル線の廃止や、第三セクター化が相次ぎ、多くの路線が日本地図から消えていった。幸い、この時に客車鈍行で辿った路線は、信越本線の横川～軽井沢間を除いて、今もすべて現存している。ただ、残念なことに根室本線東鹿越～上落合信号場間は、二〇一六（平成二八）年夏の台風被害により不通になったまま、復旧の目途が立っていない。経営状態の苦しいJR北海道だけに、このまま廃止になるのではないかと危惧されている。さらに、二〇一一（平成二三）年、東日本大震災に伴う原発事故の影響で不通になったままの常磐線浪江～富岡間は、二〇一九（平成三一）年度末までの復旧が見込まれている。

今日では、多くの趣のある木造駅舎が取り壊され、駅の無人化や車内放送の自動化、列車の短編成やワンマン化などが進んで、だんだん鉄道を取り巻く人たちの温もりが失われてしまった。今はただ、瞼の奥に懐かしい昭和の情景が浮かんでくるばかりである。

一　旅立ち、北海道へ

それは一九七六（昭和五一）年の七月のことだった。それまでの三年間、三脚を担いで終焉間近の蒸気機関車の雄姿を追っていた私は、蒸気機関車が全廃された次の年、長い旅に出た。当時の私はすでに北海道から沖縄までのほとんどの地域を旅していた。正に日本中を東奔西走する青春時代を過ごしていたのである。

旅立ちは大阪発青森行の特急「白鳥」であった。青森で深夜の津軽丸に乗り継いだが、船室が満員だったため、デッキで寝袋に入って眠った。函館で特急「北海」と乗り継ぎ、札幌、深川、留萌《るもい》を経由して、翌日の午後、北海道北部の日本海側の町、羽幌《はぼろ》のユースホステル（以下ＹＨという）に荷を解いた。当時、貧乏学生だった私が特急列車を乗り継ぐのは異例のことだったが、長い旅の前途を祝し、体力温存のため奮発したのである。

当時、留萌～幌延間の一四一・一キロを結ぶ羽幌線というローカル線があり、その羽幌駅から歩いて一五分ほどのほど羽幌港から、天羽丸という連絡船が、羽幌町内である天売《てうり》島、焼尻《やぎしり》島に向けて運行されていた。

北海道の日本海に浮かぶ小さな島、天売島には、いかにも鄙びた集落が並んでいる。この島のYHには、なぜか風来坊のイギリス人青年が住みついていた。この島の人たちは、最初は見慣れぬ白人の青年に驚いたようだが、何か月かが過ぎるうちに、彼と島人たちとはすっかり打ち解けているようであった。この島の岩壁には、無数の海鳥が営巣し、その中に天然記念物に指定されている真っ黒なオロロン鳥の姿もあった。小さな小舟に乗って島を一周すると島の裏側に夥しい数の海鳥を見ることができた。

隣の焼尻島には島中にオンコ（イチイ）の木が生い茂り、人の数よりもずっと多い羊たちがのんびりと草を食んでいた。この島のめん羊牧場で育てられた羊の肉は、今では高級ブランドとして各地に出荷されている。焼尻島のYHで、私は生まれて初めてナマコを食べた。その風体の不気味さからこれまで食べたいと思わなかったのだが、酢で味付けし、コリコリとした食感はそれほど抵抗がなかった。けれども、それ以降、ナマコを口にしたことはない。

その後、羽幌から列車で北に向かう。左手には寂寞とした日本海が広がり、焼尻の島影が見えている。神戸の自宅を出てから五日目、これから最果ての島、利尻島に向かうのだ。高校時代から始めた気ままな一人旅ができるのもあと一年余、二十歳の夏のことである。

国鉄羽幌線の気動車は、ブルンブルンとディーゼルエンジンを唸らせながら、荒涼とした道北の鉄路を行く。築別《ちくべつ》、天塩有明、天塩栄と小さな駅に小まめに停車するが、乗客は若い旅人と地元の人がごく数名だけ。時折、どこからやってきたのか、ほんの何人かが乗り降りするばかりである。駅の近くには小さな集落があるが、人影はほとんど見られない。冬は強い風雪に見舞われるのだろう。赤や青のトタン屋根の民家の脇には、頑丈な風除けの板が貼り付けられている。だが、夏の海は穏やかで、のんびりとカモメが舞っていた。けれども、夏でも北の海辺で泳ぐ人の姿は見当たらない。

初山別《しょさんべつ》で上りの留萌行の普通列車と交換する。この区間を走る列車は、一日七往復、そのうちの一本は札幌からやって来る急行「はぼろ」である。

ホームに立つ助役が輪っかの形をしたタブレットケースに入った通票（タブレット）を交換した。駅構内には腕木式信号機があり、駅舎は長年の風雪に耐えた木造駅舎である。正に昭和の鉄道駅の風景がそこにあった。老婆が半自動式のドアを手で開けて乗り込んで来る。初山別を過ぎると、海の向こうに山頂付近に万年雪を抱く利尻富士が見えてきた。

幌延で宗谷本線に乗り換え、豊富温泉YHで、鉄分の多い茶色い湯に浸かる。この温泉郷は、いかにも鄙びた温泉宿が並んでいる。そして、翌日、稚内港から利尻島へ向かう第二宗谷丸の客となったのだった。

大勢の旅人を乗せた船は、ゆっくり、ゆっくりと岸壁を離れ、利尻島に向けて二時間半の航海に出た。その旅客船の進むさまは、まるで蒸気機関車に引かれ、ゆっくりとホームを離れて行く客車列車のようである。

利尻島のシンボル、利尻岳は利尻富士とも呼ばれ、北の果ての町、稚内の沖合に浮かぶ利尻島にある山で、標高一七一九メートルの独立峰である。海抜ゼロメートルから登るので、五合目から登る富士山よりも厳しい山だと言われている。この山が近づくにつれ、最果ての島にやって来たという実感がわく。

一年前の夏、私はこの利尻島の鴛泊《おしどまり》港の近くの藤田旅館で、住み込みで働いた。一日三便やって来る船を港まで出迎え、客を宿まで案内し、食卓の膳を運んだり、皿洗いや、布団の上げ下ろしをしたりするのが主な仕事だった。朝は五時に起き、夕食の片付けが終わるのは、毎晩九時過ぎだった。けれども、この島で過ごした一か月は楽しかった。同じ旅館には島の少女がふたり働いていて仲良くなったし、船が着く時刻になると、港には、ほかの旅館や民宿、ＹＨで働く若い男女が大勢集まった。日本中からやって来た彼らと過ごす時間は、忙しい仕事の中での憩いのひと時だった。昼食後に昼寝休憩の時間があったが、昼寝するのが惜しくて港に遊びに行ったものである。

そして、時にはＹＨに外泊したり、利尻富士に夜間登山したりすることも許された。ＹＨとは、若者たちが簡素な旅をするための安価な宿泊施設で、当時、個室はなく、男女別の相部屋になっていた。寝具の準備、部屋の掃除、食器の片付けなどは、宿泊者たちが手分けして行なうのが原則で、館内では禁酒、夜は十時には消灯という健全な宿だった。毎晩八時になると、大抵のホステルではホステラーと呼ばれる宿泊者たちと、ペアレントという管理者、そして、ヘルパーというボランティアで働く従業員が一緒になって、ギターに合わせてフォークソングを歌ったり、地元の話を聞いたりするミーティングが行なわれた。当時、定番の曲はフォークソングの「遠い世界に」で、旅に夢を託した歌を合唱し、そこで知り合った友人たちと別れる時には「旅の終わり」という曲で、旅の楽しさと辛さを込めた曲を歌うのであった。正に七〇年代フォークソング全盛時代に北海道のＹＨで若者たちに歌い継がれていた。

昨今の若者は他人と話すことや相部屋を好まず、また、それ以前に旅に出る者も少なくなってしまったが、当時は大きなキスリングリュックを背負い、日本中を放浪するカニ族と呼ばれた若者たちが、あちこちにいた。ＹＨのバッチを目印に、見知らぬ者同士がすぐに打ち解け、仲良く旅をしたのである。最近の若者は旅をする人は少なくなり、また数少ない若い旅人も安価に泊まるのはカラオケボックスや、ネットカフェで、誰とも話さず、スマホをいじりながらひとり寂しく過ごしているのだという。それと比べると、当時の若者たちはなんと明るく健全であったのだろうとつくづく思う。

当時のＹＨの会員数は一九七〇年代の最盛期には六〇万人余を数えたが、現在ではわずか三万人ほどに激減。それも、多くの会員は、昔を懐かしむ年配者が占め、若者の利用者はごくわずかだという。先日、北海道にあるＹＨ兼業旅館に泊まった時、同宿舎は中年の工事関係者だけだった。もちろん、今では、禁酒や門限などの規則は撤廃され、同宿舎が肩を組んでフォークソングを歌うミーティングもない。ＹＨは単に会員料金で泊まれる安宿として利用されているのだった。聞いてみると、若い人は外国人以外、ほとんど泊まることはないとのこと。時代の流れとはいえ、昔を知る者として、なんだか寂しい気持ちになるのは筆者だけではないだろう。

利尻島の鴛泊港の近くにあった利尻おしどまりＹＨは、お隣の礼文島にある桃岩荘ＹＨと並んで、夏になると毎晩のように愉快な踊りやゲームが行なわれ、多くの若者たちに人気があった。月光仮面やひょっこりひょうたん島の歌に合わせて見知らぬ旅人たちがみんなで肩を組んで歌ったり、踊ったりした。みんな、ＮＨＫのひょうたん島を見て育った世代である。

そして、多くの若者たちが利尻島一周のサイクリングに出かけたり、ご来光を拝むために、深夜一時に出発して利尻富士の頂上を目指したりしたものだった。利尻富士には二回登頂し、二回目の時は、このＹＨの登山者たちのリーダーに任命されたこともあった。

そんな、思い出の島に一年ぶりに帰ってきた。昨年の仲間たちは今年もいるだろうか。そして、今回は自転車で周囲六三キロの島を一周してみたい、そんな思いを胸に、甲板から利尻の島影を眺めていた。

利尻島に着いた時、なんだかお尻から腰にかけてのあたりが、もぞもぞと痒かった。その晩、風呂に入って驚いた。灰色の体で赤い足の南京虫が、私の皮膚に噛み付いていたのである。大きさは五ミリ以上あったろうか。そして、しばらく替えていなかった下着にはその虫の糞がたくさんこびりついていたのだ。毎日、野山を歩き回っていたので、いつどこで取り付かれたのかわからないが、以前はシラミに取り付かれたこともあった。だが、そんなことで動じるようでは、貧乏旅行はできない。不潔な話で恐縮だが、そのころは、荷物を最小限にしていたため、パンツを何日も洗濯しないでそのまま履いていた。洗濯しても同じ場所に連泊しなければ乾かす暇がないので、シャツはリュックにぶら下げて乾かし、パンツはビシャ濡れのまま履いて、体温で乾かした。洗うのが面倒なので靴下は履かずにサンダル履き、山歩きなどをする時だけ、ズック靴に履き替えた。実に小汚い格好で全国を行脚していたのである。

　利尻島では好天に恵まれ、利尻おしどまりYHでのどかな四日間を過ごした。残念なことに、港に集まる宿の仲間たちは、昨年とほとんど顔ぶれが変わっており、また、同じ旅館で働いていた少女たちはふたりとも、この一年の間に嫁に行ってしまって会うことができなかった。それでも、新しく仲間になった若者たちと島一周のサイクリングに出て、夜は酒も飲まずに共に歌い、踊ったのであった。

　さて、これは、まだまだ旅の序章だった。これから、正に本格的な旅が始まろうとしていたのである。

二　稚内から新旭川経由、上川へ（宗谷本線～石北本線）

一九七六（昭和五一）年七月一八日、旅立ちの朝を迎えた。稚内ＹＨを青いリュックを背負って出発する。当時、このＹＨは夕食が毎晩カレーなので、カレーユースと呼ばれていた。玄関を入ると、カレーの香りが漂ってきたのが懐かしい。朝食を腹いっぱい食べて旅立ちといきたいところだったが、貧乏学生の身ではそれは贅沢というもの。前日に買っておいた一個五〇円の菓子パンをかじっただけで出発した。

リュックには「甲南大学・旅と鉄道愛好会」とマジックで大きく書き、「日本縦貫客車鈍行の旅・稚内～長崎」と書いたカードを貼り付けた。「荷物の少ないことは美徳である」というのが、私の旅の鉄則のひとつである。中にはカメラや時刻表のほか、少数の衣類と寝袋、それにＹＨで使うスリーピングシーツぐらいしか入っていない。この自分専用のシーツを持っていると宿泊料が一〇〇円安くなるので、これは貧乏なホステラーにとっては必需品であった。奥の方には郵便局の貯金通帳と印鑑の入った布袋を安全ピンで留めておいた。当時はまだまだ銀行のキャッシュカードは普及しておらず、また、田舎ばかり回る旅では、銀行よりも郵便局が最も頼りになる存在だった。予算は一日二千円以内。乗車券は最初に買ってあったし、YHは当時一泊夕食付で千円少々。昼食は、しばしば、雑貨屋さんでカップラーメンを買い、店のおばちゃんにお湯をくださいと言うと、大抵は沸かしてくれた。当時は、日清のカップヌードルが新発売になってから五年目であった。それ以外はあまりお金を使わないので、だいたい、それでなんとかやっていけた。財布の中には聖徳太子の一万円札は入っていたことがなく、せいぜい五千円札一枚と、あとは伊藤博文の千円札が数枚と小銭だけだった。

服装はジーンズによれよれのシャツ、そしてサンダル履き。髪はボサボサで茶色のサングラスをかけ、首にはなぜか沖縄で買ったバンダナを巻いていた。それが、その時の私の旅装束だった。

さあ、いよいよ稚内から長崎まで、五三〇〇キロ余のオール客車鈍行の旅のスタートである。トップランナーは7時56分発の宗谷本線の旭川行「324列車」だ。

稚内駅には、赤いDD51形ディーゼル機関車を先頭に、茶色い客車が連なっていた。DD51は、当時、全国の非電化路線で見られたディーゼル機関車で、蒸気機関車の廃車に伴い増えていった。

蒸気機関車を追って線路際で三脚を立てていた時に、運用が変わってこの機関車が来ると「なんだ、デラックスデゴイチか」と言ってがっかりしたものである。

稚内駅の改札口には、幌延《ほろのべ》まわり旭川行の掲示（表紙写真）があった。当時は南稚内から浜頓別《はまとんべつ》を経由して音威子府までの一四八・九キロを結ぶ天北《てんぽく》線があったので、わざわざ幌延まわりの記載があったのだ。列車は四両編成のうちの前二両が荷物車であった。当時の多くの客車列車は、荷物車や郵便車を併結する混合列車だった。

車内は四人がけのボックスにひとりの客がいるかどうかの乗車率である。昨夜の稚内ＹＨの仲間たちのうち、誰かこの列車に乗る人はいないかなと思ったが、皆、あとの急行で行くと言う。北海道ワイド周遊券があれば、急行列車にタダで乗れるので、わざわざ鈍行で行く物好きな人はいない。この時代、青春18きっぷはまだ発売されていなかった。

まるで、私の長い旅立ちを祝してくれるかのようにＤＤ51が哀愁を帯びた甲高い汽笛を鳴らし、列車は厳かに発車した。ガクンという最初の動き始めがなんともいえない。ドアを開け放ったまま、最初はゆっくり、ゆっくりとホームを離れていくのであった。

南稚内を過ぎ、天北線を左に分けると、すぐに車窓から人家が消える。列車は早くも緑に囲まれた荒涼とした原野を進む。やがて、右手に海の見える高台に出ると、その沖合には、懐かしの利尻島が見えた。その鋭角に尖った頂と、ゆったりとした裾野が広がる利尻富士が、まるで、海に浮かぶ富士山のようだった。

抜海《ばっかい》、勇知《ゆうち》と、小さな木造駅舎のある駅に停車する。これらの駅の入場券は、前に来た時に買ったので、今回は買う必要はない。だが、次の兜沼《かぶとぬま》から、芦川《あしかわ》、徳満《とくみつ》と、私はゆっくりと座っているわけにはいかなかった。列車は緑の湿原地帯を悠然と走るが、駅に停車する度に私は小さな封筒を持ってホームに出た。その封筒には自分の住所と氏名を記入して切手を貼付し、中に小銭を入れて小さな手紙を添えてある。その手紙には「入場券を送ってください」と書いて、ホームにいる駅員にこの封筒を渡したのである。これを私は「封筒作戦」と名づけた。東京や大阪の近郊区間では列車の運転本数が多いので、降りて各駅の窓口で買うこともできるが、地方では本線といえども一度降りてしまうと、次の列車まで何時間も列車が来ないことが多い。単線での列車行き違いや、急行に抜かれるなどで停車時間の長い時は窓口まで行って直接買ったが、停車時間の短い駅で降りて入場券を買うことは不可能である。そこで思いついたのが、封筒を各駅で配り、郵送してもらう方法だった。駅員がホームにいれば、直接手渡せばいいし、いなければ、降りる客に改札口で渡してくれるように頼めばいい。すると、どの駅からも必ず送られてきた。電車ならホームに降りている間にドアが閉まると乗り遅れてしまうが、客車列車は手動式のドアなので、動き始めてから飛び乗ることもできる。しかし、後日、それで危ない目に合うことになったわけだが。

このころはまだ自動券売機があまり普及しておらず、ほとんどの駅の窓口で厚紙に印刷された硬券を売っていた。これは、券売機の切符とは違って厚みがあり、どことなく風格があったので、集めがいがあった。それに、日付とナンバーが付番されているので、同じ券は世界中に一枚しかないという希少性もある。最初は降りた駅だけ買っていたのだが、そのうち、より多くの駅の入場券が欲しくなり、そんな方法を思いついたのである。当時、一枚三〇円だったが、ついでに同じ趣味の友人の分など、余分に買ったので、全駅となると、かなりの出費になった。貧乏旅行の私にとっては大変な負担だが、それこそ、食事を抜いてでも、切符集めを優先させたのであった。

列車はサロベツ原野をゆったりと走る。豊富《とよとみ》と幌延は停車時間が長いが、すでに入場券を買ってあるので、買いに行く必要はない。幌延では、旭川から来た急行「礼文」と交換する。

上幌延、安牛、雄信内《おのっぷない》、問寒別《といかんべつ》と、すべての駅に駅員がいる。今では雄信内以外は駅舎が取り壊され、貨物列車の車掌車を改造した貨車駅や、簡素な待合所があるだけの無人駅に変わっているが、当時は、どの駅にも趣のある木造駅舎があり、旅心をくすぐられた。タブレット交換のある駅が多く、そういう駅には駅員が必ずホームにいるので、封筒作戦は順調に進んだ。

この列車は、南幌延、下中川など少数の小さな駅は通過するが、それらの駅は板張りの小さなホームがあるだけの無人駅なので、入場券を売っていない。だから、私にとっては停車しなくても差し支えがない。

窓の外に目をやれば、安牛を過ぎたあたりから、豊かな水をたたえた天塩川が右手に見え隠れする。宗谷本線は名寄の近くまで、ずっとこの川に沿って走る。やがて、人家がほとんど見えない、熊と鹿とキタキツネぐらいしか住んでいそうもない山の中を走っている。今では大半の駅が無人駅になっているが、当時は、そんな場所の駅にも、ごくわずかの利用者と、列車の安全確保のために駅員がいたのである。

ようやく、何軒かの人家が並んだかと思うと、そこは急行停車駅の天塩中川《てしおなかがわ》だった。だが、その駅を発車すると、沿線に人工的なものを探すことはできなくなった。

佐久を過ぎると、神路《かみじ》という山の中の小さな駅に停車した。ここは、周囲に誰も住んでいないため、その翌年に信号所へと格下げになってしまったが、こんな駅にもちゃんと硬券切符を売っていたのである。あたりには「ジーッ〜」というエゾゼミの鳴き声が聞こえていた。

筬島《おさしま》を過ぎ、右手に続く天塩川の緑色の川面を眺めていると、やがて天北線と合流し、11時32分、音威子府《おといねっぷ》に着いた。この駅では一六分停車する。駅弁を売っていたが、四〇〇円もするのでやめた。それだけあると、入場券を一三枚も買えてお釣りが来る。今なら、音威子府名物の駅そばを食べることだろうと思う。しかし当時は、昼食代をも惜しんで入場券代に当てた。音威子府駅は構内が広く、貨車が何両も留置されていた。天北線が廃止されて久しく、今では広い構内は広大な空き地になっているが、当時はまだ、駅前には国鉄の職員宿舎が建ち並ぶ、鉄道の町であった。

それまで、四人掛けボックスをひとりで占領していたが、音威子府からは地元のおじさんと相席になった。彼は、私が封筒に小銭を入れて、封筒作戦の準備をしているのを、物珍しそうに眺めているので、わけを話すと驚いている。その間も咲来《さっくる》、豊清水、恩根内《おんねない》、紋穂内《もんぽない》と、封筒作戦は続く。左手には時折、天塩川が見えるが、相変わらず、人家のほとんどない深い山の中である。

やがて、おじさんが私に魅力的な提案をした。

「これから美深で降りて、美幸線に乗るんだが、よかったら一緒に行かないかい？　日本一の赤字線だよ。終点の仁宇布《にうぷ》に松山湿原というきれいな所があるよ」

この時点で美幸線に乗ったことがなかったので、大いに心を動かされたが、丁重にお断りした。急ぐ旅ではないが、すでにその日は層雲峡のＹＨを電話で予約してあったし、この列車はこの区間を走る唯一の客車鈍行列車なので、ここで途中下車すると、美深で丸一日待たねばならなくなるからだ。

美幸線は、美深からオホーツク沿岸の北見枝幸《きたみえさし》を目指して計画されたが、途中の仁宇布までの二一・二キロまでが開通したところで工事が凍結された。沿線にこれといった町もない山の中を走るため、利用者はごくわずかしかいなかった。その後、美深町長が存続を訴えて東京の銀座で切符を売って話題になったこともあったが、そのかいもなく一九八五（昭和六〇）年に廃止されてしまった。

美深駅の同じホームには、美幸線のキハ20がたった一両で停車していた。ホームに「松山湿原へ美幸線乗り場」との木の看板が設置されていたが、その列車に乗り換えた客は、そのおじさんひとりだけだった。

智恵文《ちえぶん》、智東《ちとう》を過ぎ、名寄には12時56分に着いた。この駅では13時32分まで、三六分間の大休止である。さすがにお腹が減り、構内の立ち食いそばで大枚百円を出して昼食とした。今はいずれも廃止されてしまったが、名寄駅は、名寄本線と深名《しんめい》線が発着する鉄道の要衝であった。

名寄本線は札幌からの直通急行が走り、名寄からオホーツク海側の主要都市である紋別を経て石北本線の遠軽《えんがる》に至る、一三八・一キロのれっきとした幹線鉄道だった。途中、興部《おこっぺ》までは下川～上興部間の峠を越えるなど、深い山の中を走り、興部から紋別を経て中湧別まではオホーツク海沿岸を走った。そんな本線が、まさか廃止されるとは思わなかったが、国鉄民営化後の一九八九（平成元）年にその使命を終えた。

深名線は、名寄から朱鞠内《しゅまりない》や幌加内を経由して函館本線の深川との間を結ぶ一二一・八キロの長大なローカル線だったが、日本一寒い過疎地帯を走る線として有名だった。沿線の北母子里《きたもしり》駅付近では、一九七八（昭和五三）年に氷点下四一・二度という戦後観測史上日本最低気温を記録している。代替道路が整備されていないとの理由で、民営化後も長らく廃止を免れていた。だが、名寄～朱鞠内間は一日三往復しか列車がない閑散路線で、利用者も極めて少なかったため、一九九五（平成七）

年に廃止された。

名寄駅はそんな要衝駅にふさわしい堂々とした木造駅舎で、いかにも蒸気機関車が似合いそうな駅舎だった。嬉しいことに今も一九二七（昭和二）年に建造された駅舎が健在である。北海道特有の雪の積もりにくい屋根が特徴で、駅舎前面に設置された時計が時を刻み、板に太い墨文字で書かれた名寄駅の駅名看板が風格をにじませている。そんな駅のホームには、駅弁を売る売り子の声が響いていた。立ち食いそばを食べた私は、それを眺めているだけであったが、そんな名寄駅は、いかにも、昭和の汽車駅の佇まいが感じられる趣のある駅であった。

名寄を過ぎると、米や馬鈴薯を栽培する穀倉地帯を走る。士別の駅の近くには、それらの農作物を保管する大きな煉瓦造りの倉庫が並んでおり、この風景は今でも変わることがない。

和寒《わっさむ》からは、列車は再び勾配を稼ぎながら山の中に入っていく。ほどなく三浦綾子の小説で有名になった塩狩峠である。これは、ブレーキが故障した列車がこの峠で暴走し、その列車の車掌が命を捨てて列車を止めて殉職し乗客を救ったという明治時代の実話に基づくものである。列車は、そんな昔のことは知らぬかのように塩狩駅に停車する。あたりには桜の木が多い。列車はさらに緑の山中を走り、やがて、峠を下って旭川の盆地へと入っていくのである。

さらに、蘭留《らんる》、比布《ぴっぷ》と各駅で封筒作戦は続く。比布駅が磁気治療器のピップエレキバンのＣＭで有名になったのは、それから四年後のことだ。永山でようやく民家が増え、北旭川貨物駅を右に見るうちに、新旭川には15時37分に着いた。

この列車はさらに終着の旭川まで行くが、私は石北本線との分岐駅、新旭川で降りなければならない。二五五・七キロを七時間四一分かけて走り、ようやくこの長い旅の第一走者から降りたのである。


新旭川に着いた私は、休む間もなく、15時46分発の網走行「521列車」に乗り換える。この列車は、今朝の11時35分に札幌を発車し、四時間余りをかけてようやくここまでやってきた鈍行列車である。荷物車一両を含む七両編成である。

新旭川を発車し、石北本線に入った列車は、旭川市郊外の住宅地を少し走った後、石狩川の支流、牛朱別川《うしゅべつ》を渡る。東旭川からは民家も少なくなり、徐々に大雪山系の山並みへと入っていく。ひとボックスにひとりぐらいの客も、上川までにほとんど降りてしまった。この間、東旭川から安足間《あんたろま》までの七駅に無事に封筒を配布し終わり、この日の最終下車駅、上川に着いたのは16時56分であった。

私は、上川駅前から少し離れた地点でクルマを拾い、層雲峡のYHに向かった。クルマと言ってももちろんタクシーではない。「バスに乗るよりクルマを拾え」これがもうひとつの旅の鉄則であり、当時の私にとって、ヒッチハイクは、たやすいことであった。町はずれのカーブの曲がり切った見通しの良い場所とか、トンネルの手前などがクルマを拾いやすかった。トラックはかなりの確率で停まったし、自家用車もよく乗せてもらった。回送のタクシーにタダで乗ったこともあったし、ミキサー車やダンプカーなどの大型車に乗ったこともあった。大型車の助手席から眺める風景は実に気持ちがいい。当時、ヒッチハイクの成功率は九九パーセント。唯一失敗したのは、一台もクルマが来ないまま日が暮れたので、やむをえず、バスに乗った時だけだった。そして、この日も、地元の方の乗用車で、無事に層雲峡に着いたのであった。

稚内　7時56分（324列車）15時37分　新旭川　DD51 33　スハ32 817
新旭川　15時46分（521列車）16時56分　上川　DD51 1084　スハフ32 191

三　層雲峡そして、上川から網走へ（石北本線）

層雲峡ＹＨで、一人旅の女子大生ふたりと仲良くなり、自転車を借りて三人で銀河の滝、大函、流星の滝などの層雲峡の名所をまわった。さらに、途中までロープウェイを使い、大雪山の黒岳に登った。若い女性に囲まれて、高山植物を眺めながら、エゾリスと戯れる。好天に恵まれて、大雪の山々など三六〇度の展望が楽しめた。その時、武蔵野美大生と神戸大生の女子大生は、私のノートに次のようなメッセージを書き残している。

「黒岳登山の時は後ろを押してもらってとってもたすかりマシタ。あとチョットの時に休憩したのはおかしかったデスネ！　では、日本縦貫、ガンバッテくださいネ！　お体には気をつけて　国分寺市　Ａ美」

「天気、快晴。風、微風。見える、見えるナノダ！　あ〜、やっと着きましたね。おなかペコペコ……　明石市　M子　19才」

私は札幌まで行く彼女らとともにヒッチハイクで上川駅まで戻った。女性が一緒だと、ヒッチハイクは、より一層やりやすくなる。楽しかった一日。でも、それ以後、ふたりに会うことは一度もなかった。ちょっぴり辛い一期一会の出会い、このころ、そんな旅が多かった。

彼女らと別れた後、昨日、上川まで乗ってきたのと同じ、札幌発、網走行の「521列車」に乗り、再び客車鈍行の旅が続く。

今では、上川〜白滝間を走る普通列車は一日一往復しかなく、そのほかに特別快速「きたみ」一往復と特急「オホーツク」が四往復運転されているだけである。だが、当時は、特急・急行が最大九往復のほか、普通列車だけで五往復もあり、すべての普通列車が、客車列車であった。

そろそろ日が西に傾きかかった上川を発車すると、列車はすぐに深い山の中に入った。西日が木漏れ日となる中、列車は黙々と走る。右に大雪山系、左に北見山地の深い山々の間の谷間を縫うように線路が続いている。今日では並行して旭川紋別自動車道が通じているが、当時は石北本線のほかは未舗装の上川国道しかなく、その道を通るクルマもほとんど見かけなかった。

車内は昨日と同様、上川までにほとんど降りてしまい、私の乗った車両には、ほかに客の姿はなかった。だが、のんびりはしていられない。各駅に停車する度、きょうも入場券を集めなければならない。昼間の黒岳登山で疲れたなどと言っていられない。いったい、何が私をそうさせたのだろうか。

上川の次の駅は天幕《てんまく》である。あたりに人家はないが、古い木造の駅舎がホームの左側に建っていた。駅員がタブレットの交換のため、ホームに出ている。もちろん乗降客はいない。

「すみません。これ、受け取って下さい!」

素早くホームに降りた私は、駅員に小銭の入った封筒を渡すと、すぐに列車に戻った。駅前にポストはなさそうだが、この頃の列車には郵便車が連結されていて、各駅で郵便物の集配を行なっているので問題はないだろう。熊が出そうな山の中で、なぜ、ここに駅があるのかわからない。それでも、当時は上川〜白滝間を走る普通列車は一日五往復運転されていた。だが、周辺に民家がなく、利用者が誰もいないため、天幕と次の中越、奥白滝の各駅は二〇〇一(平成一三)年に、さらにその次の上白滝、白滝〜丸瀬布《まるせっぷ》間の旧白滝、上白滝の各駅も、二〇一六(平成二八)年に廃止され、その多くが信号場に格下げされてしまった。その結果、上川〜白滝間は三七・三キロという在来線では最長の駅間距離となった。

次の中越は石北本線で唯一の無人駅。入場券を売っているはずもなく「封筒作戦」を休めるので、ホッとする。だが、こんな山奥の閑散線区で、ほとんどの駅が有人駅だったというのは、驚きである。

列車は、さらに深い山の中をゆっくりと登っていく。山峡に響くディーゼル機関車の汽笛が哀愁を誘う。やがて、列車は上川と北見の国境である北見峠を、長大な石北トンネルで越える。

夕暮れが迫る奥白滝でもホームで封筒を渡す。ひっそりとした山間の駅で、やはり乗降客はいない。列車に戻ると突然車掌に呼び止められた。

「さっきから、何、やってるの？　そったらことしたら、危ないっしょ！」

彼は特急列車の専務車掌の白い制服を着用していた。これはまずい、「封筒作戦」を禁じられてしまったら、入場券収集に大きな支障をきたしてしまう。私は必死に事情を説明した。これから九州まで旅を続け、途中の全駅の入場券を集めようとしていることを。そして、それは全国の国鉄の収入になるでしょうと。

すると、彼はすぐに理解してくれ、もっと安全で確実な収集方法を提案してくれた。それは、各駅に鉄道電話で連絡し、タブレット交換の駅員にホームまで入場券を持ってきてもらうという方法だ。小銭は大量に用意してあるので、その場でお金を払えばよい。入場券の受け渡し場所は車掌室と決めた。これで大幅な労力の削減になると同時に、切手代も節約できる。私は車掌氏に感謝した。

それから網走までの四時間余り、多くの時間を車掌室で過ごした。彼は間もなく定年退職を迎えるベテランで、ここまで勤めあげた国鉄マンの誇りと自信にあふれていた。きょうは上りの特急に乗務したあと、下りのこの普通列車に網走まで乗務するのである。彼は、各駅に着く度に乗降客の安全と時刻を確認した後、

「下り521列車、発車！」

と無線機で機関車の運転士に連絡するのであった。

各駅の入場券は簡単に集まった。各駅の駅員たちはタブレットとともに、私のために入場券を持ってきてくれ、発車と同時に次の駅にリレー式に伝言してくれたのだった。私は人の親切が身にしみた。彼には長崎に着いたあと、旭川鉄道管理局気付で礼状を書いた。その後、彼から達筆な字で丁重な返信が届いた。その人の名は櫛田さんという。もし、ご存命なら、今は百歳に近いはずだ。

あたりが完全に真っ暗になった。19時09分、列車は遠軽《えんがる》に着いた。ここは名寄本線との接続駅。名寄本線に直通する列車は、そのまま真っ直ぐ進行するが、石北本線を網走方面に行く列車は、すべてこの駅で向きを変える。名寄本線が廃止された今でも、このスイッチバックの構造は変わっていない。

さらに、安国《やすくに》、生田原《いくたはら》と闇の中を列車は進む。やがて、常紋《じょうもん》トンネルに入った。規則的な車輪と線路との打撃音と、ゴーッというトンネルの通過音だけが響いている。このトンネルの開通は

一九一四（大正三）年だが、熊と鹿しか住んでいない厳寒の山奥に、これだけのトンネルを掘ったのは驚きだ。

戦前の鉄道工事は、どこでも少なからず悲惨な歴史があったが、とりわけ常紋トンネルの工事では多数の犠牲者が出たという。それは、単なる事故ではない。拉致同然に強制連行して集めた貧しい労働者を劣悪な環境のタコ部屋に押し込め、まともに食事も与えずに過酷な労働につかせたのである。そして、衰弱して働けなくなった人は治療を受けることもなく、次々と死んでいき近くの山林に埋められたのである。トンネルの壁の中からは、生きたまま人柱として埋め込まれたのではないかと思われる立ったままの姿の人骨まで発見されている。常紋トンネル工事による犠牲者数は百人を超えた。明治以降の北海道の鉄道開拓史には、このように信じられないような悲惨な出来事が伝わっている。だが、官憲の公式資料には一切、残されていない。

だが、この付近に出没する幽霊の話は、列車の運転士や、常紋信号場の国鉄職員らによって幾度となく語られている。ようやく戦後になって、数多くの人骨を収拾し、供養が行なわれている。

客車内の照明は白熱電燈の薄暗い燈色で、木の壁はニスが塗られた濃い茶色だった。真っ暗な長いトンネルの中、セピア色の車内にいるのは私ひとり。煉瓦造りのトンネルの壁が車窓から薄っすらと見える。犠牲者の亡霊が、窓の外に浮かび上がったと思ったら、窓ガラスに映った自分の顔だった。この車両の客は私ひとりだけ。思わず、背筋が寒くなった。

この常紋トンネルを出ると金華《かねはな》に停車した。この駅も二〇一六（平成二八）年に信号場に格下げになっている。あたりはあまりにも暗く、あまりにも静かだ。その静けさは、不気味でさえある。この金華信号場の近くの小学校跡の丘の上には、常紋トンネル工事殉職者追悼碑が建っており、静かに死者たちの冥福を祈っている。

北見には20時36分に着いた。列車はここで五三分の大休止。隣の車両では小さな老婆が、きちんと草履をそろえて、座席の上に正座している。別の車両には、私と同世代の旅人の姿が見える。私は駅前にあった大衆食堂で軽く夕食をすませた。もちろん、晩酌などするお金はない。それに、この後の駅でも車掌氏が入場券を集めてくれるので、居眠りをするわけにはいかない。銭湯にでも入り、昼間の汗を流したいところだが、さすがにその時間はなかった。

夜の駅前を散歩して戻ってきたら、さきほどの老婆はまだ同じ格好で正座していた。隣のホームには池北《ちほく》線の訓子府《くんねっぷ》行が停車している。池北線は、北見と根室本線の池田とを結ぶ一四〇・〇キロのローカル線である。かつて、石北本線が全通する一九三二（昭和七）年までこの線は、網走本線として札幌から網走へのメインルートであったが、石北本線開通後は地域輸送に特化し、この旅の時には池北線を走る帯広〜北見間を結ぶ急行「池北」が運転されていた。だが、国鉄末期に廃止対象線区となり、一九八九（平成元）年に北海道で唯一第三セクターのちほく高原鉄道として生き残ったものの、二〇〇六（平成一八）年に膨大な赤字を残したまま、力尽きてしまった。現在の旧陸別駅周辺は、「ふるさと銀河線りくべつ鉄道」として、気動車の乗車体験や運転体験をすることができる。

列車は、21時29分に、ほんの数人の客を乗せ、ゆっくりと北見を発車した。

その後も、列車は律儀に乗降客のいない夜の駅に停車していった。各駅のホームには、タブレットを持った駅員が、私のために入場券を持ってきてくれる。美幌では、客のいないホームで相生《あいおい》線の最終列車が発車を待っていた。相生線は、美幌から津別を経由して阿寒湖の入口に近い北見相生までの三六・八キロを結ぶ牧草地帯を走るローカル線だったが、一九八五（昭和六〇）年に廃止された。

終点網走には22時45分に着いた。網走駅のホームを、勤務を終えた櫛田さんが車掌用の鞄をさげて歩いている。今夜は網走の宿舎に泊まるそうだ。

「お世話になりました」

「今夜はどうするの？」

「網走で適当に泊まります」

一瞬、国鉄の宿舎に泊めてもらえたらいいな、と思ったが、

「あっ、そう。気をつけてね。いい旅を！」

と言って彼は去って行った。規則ではそんなことできないだろうし、そこまで甘えてはいけないのだろう。適当に泊まると言っても、私は駅で寝て宿泊費を浮かせるつもりだった。だが、夜中に夜行列車が発着しない網走駅では、待合室に朝までいるわけにはいかない。深夜の待合室にもうひとり若い旅人がいた。さきほど、北見で見かけた同世代の青年である。聞けば、松江からやって来た風来坊であった。

「今夜、どこで泊まるんですか？」

「ここ（待合室）にいられないみたいだから、外の物置ででも寝るかな」

彼も寝袋を持参している。私たちは、駅舎の脇にあった自転車置場をその夜の宿とした。幸い、今度は南京虫やシラミには襲われなかったが、なんだか、変な臭いがする。

「なんか、臭くないですか？」

「あっ、ごめん。俺の臭いかもしれない。何日も風呂に入っていないから……」

昼間、山に登った私も汗臭かったかもしれない。人のことは言えないなと思った。

上川　17時13分（521列車）22時45分　網走　DD51 1095　スハフ32 384

四　網走から釧路へ（釧網本線）

網走の朝は夏とは思えないほど寒かった。長袖のシャツを着て寝袋に入っていたが、やはり、北海道である。幸い、風邪を引くまでには至らなかったが、長い旅の道中で病気でもしたら一大事だ。網走から接続する湧網《ゆうもう》線の一番列車のアイドリング音が聞こえる。網走と名寄本線の中湧別との八九・八キロを結ぶ湧網線は、サロマ湖畔を白樺林に囲まれて走る風光明媚なローカル線だったが、一九八七（昭和六二）年に廃止された。

網走に留まる風来坊と別れ、6時40分発の釧網《せんもう》本線の「631列車」に乗った。機関車はＤＤ51ではなく、ＤＥ10に変わった。乗った車両はスハニ62という半分が荷物車になっている車両である。この時代、客車列車の多くは、荷物車との混合列車だった。

網走を発車し、無人駅の鱒浦《ますうら》を過ぎると、オホーツク海に沿って走る。私は寝ぼけ眼で、ぼんやりと海を眺めていた。真冬に訪れると流氷が押し寄せるこの海も、夏の朝は穏やかだった。つい数年前まで走っていた流氷の海をバックに走る蒸気機関車の姿を思い出す。

当初の計画では、北浜で途中下車をするつもりだった。海岸に咲き誇るエゾシカシユリやハマナスに囲まれてのんびりしてから、午後の列車で釧路まで行き、さらに根室本線の夜行鈍行「からまつ」に乗り継ぐ予定だったのだ。

けれども、駅の自転車置場で寝た次の夜が夜汽車では、少々きつい。夜汽車といっても当然、寝台車には乗らないし、夜中に入場券を買いに行ってしまうかもしれない。そうなると、その翌日も、また、つらくなるに違いない。そう思った私は、この日はこのまま釧路まで行き、午後は完全休養とすることに決めた。まだまだ、先は長い。

釧網本線は以前に訪れた時に入場券を買った駅が多いので楽だ。斜里までに封筒を渡したのは、止別《やむべつ》だけ。車掌に入場券を頼むほどもない。この列車の車掌は若かった。話してみると、二八歳の妻子持ちだった。彼も今ではもう古希を過ぎているだろう。

ゆっくりと、オホーツク海と知床連山を眺めるうちに斜里《しゃり》（現・知床斜里）に着いた。この駅は、知床半島のウトロ方面への入口である。天気が良ければ、このあたりから海を隔てて、北方領土の国後島を見ることができるのだが、この日は残念ながら薄曇で、その雄姿を望むことはできなかった。

7時50分に斜里を発車すると、今度は山に向かって走り始めた。広大な牧草地帯に牛たちがのんびりと草を食んでいる。赤い屋根のサイロが見える。典型的な北海道の風景だ。左手には斜里岳がそびえている。清里町を過ぎ、緑《みどり》まではまだ人家があったが、緑を過ぎると、列車はゆっくりと、さらに深い山の中に入っていった。

この時からつい二年ほど前まで、この線を走る客車列車は、C58形蒸気機関車が牽引していた。雪の中を走るその姿は実に絵になった。蒸気機関車が客車を引っ張り、ごく普通に高校生たちがこの列車に乗り込んだ。そんな日常を見ることができた。この野上峠を越えて、緑駅で小休止する汽車の煙が、その時の冬の西日に当たって眩しかった。

列車は、山の中を淡々と走った。白樺林が美しい。車窓からは人工的なものは何も見えない。最近、このあたりの車窓からエゾシカの姿を見ることが多いが、この当時は見かけたことがなかった。近年は、餌を求めて山を降りて来る鹿が多いのだという。硫黄山を眺めるうちに、川湯（現・川湯温泉）に着く。今まで乗客は地元の人ばかりだったが、何人かの観光客が乗ってきた。このあたりは川湯温泉のほか屈斜路湖と摩周湖にはさまれた一帯で、観光客の利用も多い。

弟子屈《てしかが》（現・摩周）を過ぎると、再びサイロの見える牧草地帯になった。曇っていた空が晴れてきた。青い空と緑に包まれた中を列車は軽やかに走る。

標津《しべつ》線を分岐する標茶《しべちゃ》には10時15分に着いた。だが、標津線の根室標津行は一〇分前に発車したばかりで、次の列車は三時間以上もない。なんとも接続の悪いダイヤだった。標津線が廃止されたのは、国鉄民営化後の一九八九（平成元）年のこと。標茶から根室標津までの本線と、途中の中標津から根室本線の厚床《あっとこ》を結ぶ支線とを合わせて一一六・九キロの路線だった。広大な根釧原野を赤い気動車や、小型蒸気機関車のC11がのんびりと走っていたものである。

標茶を過ぎると、やがて列車は釧路湿原のド真ん中を走る。今でこそ、釧路湿原は有名になったが、当時はまだ無名の、知る人ぞ知る大きな湿原だった。それだけに、訪れる人も少なく、今よりももっと豊かな自然が残されていたに違いない。列車は、塘路《とうろ》、細岡、遠矢と停車し、やがて、東釧路で根室本線と合流する。

釧網本線で封筒を渡した駅は五駅だけだったので、のんびりと車窓風景を楽しむことができた。釧路着は11時39分。それまでも何度か泊まったことのある釧路まきばYHに電話し、この日の午後は釧路でゆったりとした時間を過ごした。洗濯もしなければならなかったし、先はまだまだ長い。

網走　6時40分（631列車）11時39分　釧路　DE10 3 2　スハニ62 1

五　釧路～滝川～岩見沢～東室蘭の強行軍（根室本線・函館本線・室蘭本線）

今日からは強行日程が続く。釧路で英気を養った私は、8時ちょうど発の滝川行「422列車」の客となる。

機関車は再び、DD51になった。車内は座席の半分ぐらいの客が乗っている。後方に三両の荷物車を併結した混合列車で、前の四両が旅客車両だった。

列車は、釧路を発車すると、しばらく市街地を見ながら走って新富士に着く。きょうは、入場券を持っていない駅が多いので、大量の封筒と小銭を用紙しなければならない。石北本線の時のように、車掌に頼んで鉄道電話で各駅に連絡する方法は、なかなかこちらからは言い出せない。

新富士を過ぎると、早くも人家はまばらになり、平原を走る。阿寒湖への道が近い大楽毛《おたのしけ》を過ぎると、左手に太平洋が見えてきた。初日には、利尻島を望む日本海、昨日はオホーツク海、そして、きょうは太平洋と、早くも北海道を囲む三つの海を見たことになる。これから先、何度、海を見ることになるのだろうか。

白い漁船の並ぶ白糠港を見ると、やがて、白糠《しらぬか》に着く。ここで、早速一三分停車し、遠路、小樽から夜を徹してやってきた鈍行「からまつ」と交換する。この列車はほとんどの駅に停車する普通列車だが、寝台車を二両も従えているため、「からまつ」という愛称がつけられている。自動車の普及率が今ほど高くなく、高速道路のなかったこの時代、都市間移動の主力は、やはり列車だったのである。

白糠は乗降客が多く、一部の急行列車も停車する。ここからは白糠線が発着しており、跨線橋を渡った向こう側のホームには北進行の気動車が停車しているが、次の発車は五時間以上もあとである。このローカル線は、一日三往復の列車しかなく、北進まで開通してからわずか一一年後の一九八三（昭和五八）年に、国鉄再建法の第一号として廃止されてしまった。その白糠線を右に分けながら、列車はゆっくりと発車する。

列車は広大な原野を走っている。時折、放牧された牛の姿が見える。やがて、再び、太平洋が見えてきた。冬には荒れ狂っていた海も、きょうは穏やかである。窓から入ってくる潮風が心地よい。海岸に打ち寄せられた流木に何羽ものカモメがとまっている。冬のカモメより、なんだかのどかに見える。沖合を見渡しても一隻の船の姿も見当たらない。ただ、ひたすら大海原が続いているばかりである。

この間も封筒作戦は滞ることなく続いている。音別、厚内、浦幌、新吉野、豊頃と、すべての有人駅のホームに降りて、駅員に封筒を手渡す。無人駅は事前に調べてあるので、無駄な動きはしない。厚内を発車後、内陸部に入る。列車はカラマツ林の中を走る。やがて、左手の丘の上にワイン城を見ると、池北線との分岐駅、池田に着く。

池田に二五分停車する間に、あとから来た上り特急「おおぞら2号」函館行を先に通す。この特急列車は、釧路をわが客車鈍行よりも一時間二〇分もあとに発車して、滝川には四時間も早く着くのである。この当時の根室本線の特急列車はすべて全車指定席で、食堂車も連結されている、文字通り、特別な急行列車だった。「おおぞら2号」は一〇両編成で、釧路〜函館間を一〇時間一〇分で結んでいた。石勝線はまだ開業しておらず、根室本線を滝川まで行き、札幌で向きを変えて千歳線、室蘭本線を経由して函館まで走っていたのである。現在では、この線を走る特急列車はすべて石勝線経由で、札幌発着だが、その当時は運行系統が、青函連絡船と連絡する函館を中心としていたのである。

だが、貧乏旅行の私にとって特急は乗ってはならない無縁のもの……「特急列車には乗るべからず」というのも私の旅の原則のひとつであった。

池田を発車し、札内で下り急行「狩勝1号」釧路行と交換のため、五分停まる。停車時間が長いと、窓口まで行って直接入場券を買えるから切手代の節約になる。

帯広には11時48分に着いた。ここで、またまた三九分間の大休止である。多くの客が降りてゆく。帯広からは、幸福駅で有名になった広尾線（帯広〜広尾間八四・〇キロ）と、大雪山系の山々に向かって走っていた士幌線（帯広〜十勝三股間七八・三キロ）が発着していたが、いずれも一九八七（昭和六二）年に廃止されてしまった。長い停車時間に立ち食いそばで昼食を取る。

停車中にキオスクで帯広千秋庵（現・六花亭）のホワイトチョコレートを買った。甘いものは、旅の疲れを癒してくれる。ふきのとうの包装紙のこのチョコレートは、このころからブレークし始め、やがて、全国的に有名になった。当時、ホワイトチョコレートは珍しく、これをお土産に買って帰るとおおいに喜ばれたものだ。愛国から幸福ゆきの切符とともに帯広土産の定番だった。

12時27分にようやく帯広を発車すると、列車はすぐに荒涼とした十勝平野のまん中を走り始める。カタコトコトン、カタコトコトン……単調なレールの継ぎ目の音が響く。時折、「ピッ〜〜」というもの悲しいような汽笛が聞こえる。やがて、芽室《めむろ》に着いた。

この時から二年前、小樽からの夜行列車で、初めて道東の地に足を踏み入れた時、早朝のこの寂寞とした風景に感動した。このあたりの眺めは、いつ訪れても変わることはない。

この列車の唯一の通過駅の羽帯《はおび》を知らないうちに過ぎ、急行停車駅の十勝清水の次は新得《しんとく》に着く。新得は北に大雪山系、南に日高山脈の山々を抱く林業の町である。この駅で帯広から乗ってきた客の多くが降りていく。列車は新得でも一一分の小休止。この列車は客車と荷物車の混合列車なので、停車時間の長い駅では、荷物車で積荷の積み下ろしが行なわれている。

新得から次の落合までは二八・五キロもあり、当時の国鉄在来線の中ではもっとも駅間距離が長かった。途中、四か所の信号場があり、そこで長大な貨物列車と交換したりするので、落合までは一時間もかかる。どこまでもスローペースだが、この間は封筒作戦を休めるので、のんびりとできる。十勝清水と新得で大勢降りたので、車内はガラガラだ。

現在の札幌方面への特急列車が走る石勝線は、これらの信号場のうち、新狩勝トンネルの中にある上落合信号場から分岐するが、石勝線が開通するのは、この時からまだ五年後の一九八一（昭和五六）年のことである。この新狩勝トンネルが完成する六六（昭和四一）年以前は、急勾配が続く旧線を経由していた。この狩勝峠からの車窓は、篠ノ井線の姨捨《おばすて》（長野県）、肥薩《ひさつ》線の大畑《おこば》越え（熊本県）とともに日本三大車窓のひとつと言われていた。それと同時に、峠を越える蒸気機関車の難所としても有名であった。

人家のまったく見えない山の中をゆっくりと走り、いくつかのトンネルを出たり入ったりしているうちに、ようやく落合に着いた。黒い木造駅舎と古い跨線橋のある山間の小駅である。跨線橋には蒸気機関車の煤がこびりついている。この駅で、列車は峠越えの疲れを癒すかのようにまたも一〇分間、停車する。跨線橋を渡り、「DISCOVER JAPAN」の駅のスタンプを押した。

山の木々は、カラマツなどの針葉樹林の多い根釧平野より、広葉樹林が多くなったような気がする。同じ北海道でも植生が違うのだろう。

列車は次の幾寅《いくとら》でも五分停まった。この幾寅駅は、一九九九（平成一一）年に上映された映画『鉄道員《ぽっぽや》』の中で、石炭輸送終端駅となる幌舞駅のロケ地になったが、映画の撮影が行なわれたのは、この時からまだずっと先のことである。

幾寅を発車すると、列車は下り坂を軽やかに走り始めた。やがて、右手に金山湖が見えてくる。木々に囲まれた深緑の湖面はなんとも美しい。東鹿越を過ぎると、鉄橋で細長い金山湖を渡り、いくつかのトンネルを潜ると金山、さらに、下金山、山部まで来ると、山に囲まれた盆地に下りてきた。

私は相変わらず、ひと駅毎に封筒を配り続けている。朝からずっとこの列車に乗り、駅に着くごとにホームに出たり、跨線橋を駆け上がったりしていると、さすがに疲れてきた。「もう、頭の中はからっぽだわい」というメモが残っている。ホンマにアホやなあと、我ながら呆れてくる。

富良野には16時09分に着いた。列車は、この駅でも二一分間の停車だ。

「疲れたべ、富良野に着いたら、もうフラフラ」と、時刻表に書いたメモが続く。

富良野で大勢客が乗ってきて、車内が賑やかになった。列車は右手に空知川を見ながら走る。私はそれでも島ノ下、滝里とホームに降りる。滝里は、ちょっと途中下車をしたくなるような空知川沿いの小さな駅だった。夕方の日が駅舎の屋根を照らしていた。かなり疲れていたはずだが、なぜかこの時のこの駅の風景は、強く印象に残っている。その滝里駅は、滝里ダムの工事のために一九九一（平成三）年に廃止された。今では線路は、長大な島ノ下トンネルと滝里トンネルに付け替えられており、駅のあった場所はダムの下に水没してしまった。

野花南《のかなん》、上芦別、芦別、平岸、茂尻《もしり》、赤平と、私は重い足を引きずりながら、封筒作戦を続行する。もう、気が遠くなりそうだった。何も考えず、なかば、やけくそになっていたかもしれない。何のために、こんなことをしているのかと思う。

東滝川に着いたのは17時52分。釧路を出てからもうすぐおよそ一〇時間が経過しようとしている。やっとあと一駅で滝川に着くと思いながら、土のホームをとぼとぼと歩いた。夏の日は西に沈もうとしていた。

この列車が終点の滝川に着いたのは、夕暮れの迫る18時03分。日の長い七月だったが、日本列島の東に位置する北海道に日が沈むのは早い。池田でこの列車を追い抜いた特急「おおぞら2号」は、もう長万部を過ぎているはずだ。

だが、この日の旅はまだ終わったわけではない。直ちに18時29分、滝川始発の函館本線上り、札幌行828列車で岩見沢を目指す。幸い、岩見沢までの途中駅の入場券は、すべて入手済みのため、車内でゆっくりと休むことができた。ホッとした私は、岩見沢に着くまでの間、ぐっすりと寝てしまったのである。岩見沢には19時37分に着いた。

駅で軽く夕食を済ませたあと、さらに20時13分発の室蘭本線の「232列車」に乗り継ぎ、東室蘭を目指す。上川や釧路でのんびりした遅れをここで一気に挽回しようと思ったのだ。

室蘭本線は、岩見沢から、苫小牧《とまこまい》、東室蘭を経て長万部《おしゃまんべ》までの本線と、東室蘭から分岐して室蘭に至る枝線を合わせた幹線鉄道である。この線の歴史は古く、北海道開拓時代、岩見沢に近い幌内炭鉱で産出される石炭を室蘭港に運ぶことを目的として一八九二（明治二五）年に岩見沢〜室蘭間が開通した。明治から昭和中期にかけて日本のエネルギーを支えるこの地域の石炭輸送を担い、隆盛を極めた。しかしながら、時代の流れと共に相次ぐ炭鉱の閉山に伴って貨物輸送が減少。旅客輸送もしだいに札幌を中心とした人の流れに合わせて変化したため、岩見沢〜苫小牧間はローカル輸送が主体となった。この時、すでにすべての急行・特急列車は札幌から千歳線を経て、苫小牧の一駅手前の沼ノ端《ぬまのはた》から室蘭本線に乗り入れていた。

とはいえ、当時は、まだ長大な貨物列車が岩見沢から走っていたし、多くの普通列車が岩見沢〜室蘭間を直通していたので、この区間も本線としての面目をかろうじて保っていた。

函館本線の列車の中で一時間熟睡し、腹ごしらえも済ませたので、私は元気を取り戻した。しかしながら、封筒作戦を夜の列車でさらに続けるだけの気力は残っていなかった。きょうは、これで作戦を中止するかどうか、私は迷った。そこで、車掌室に行き、石北本線と同じように鉄道電話で各駅に連絡してもらえないかと頼んでみた。それで、断られたら、その時はあきらめよう。すると、中年の車掌氏は長崎まで行くという私の旅に強い興味を示し、快く応じてくれた。そのおかげで、室蘭本線各駅の入場券は効率よく集めることができたのである。

次の志文は万字《まんじ》線の分岐駅。真っ暗なホームに万字、万字炭山方面のりかえの文字が見える。この線は岩見沢から分岐している幌内線と同様に炭鉱輸送を目的とした二九・二キロのローカル線で、炭鉱が閉山した後、国鉄民営化前の一九八五（昭和六〇）年に廃止されている。

栗沢、栗丘、栗山と、栗のつく駅が三駅続く。このあたりの山で栗がたくさん採れるのだろうか。だが、真っ暗闇の中を列車は淡々と走るのみである。

追分はこの半年前に、国鉄最後の蒸気機関車による定期列車が終焉を迎えた場所である。この時の蒸気機関車C57１３５号機は、今でも大宮の鉄道博物館に保存されている。私が、最後に国鉄の蒸気列車に乗ったのも室蘭本線であった。

追分からは夕張線を分岐している。これは、現在の石勝線《せきしょう》で、夕張線の途中駅、紅葉山《もみじやま》（石勝線界開通と同時に新夕張に改称）から根室本線の上落合信号場までの新線を建設し、札幌から道東への優等列車はすべて石勝線回りとなった。これにより、それまでの滝川回りよりも四六・四キロ短縮され、特急列車では、所要時間が約一時間も早くなったのである。この夕張線もかつてはデゴイチが牽引する長大編成の石炭列車が走っており、追分は夕張線と室蘭本線が接する鉄道の要衝だったのだ。特急や急行が走らないこの区間でも、室蘭本線は複線なので、タブレット交換や列車の交換待ちがなく、停車時間も短い。

苫小牧には21時54分、白老には22時29分と、列車は闇の中を順調に走る。苫小牧から白老まで同席した老人と言葉を交わす。彼は横浜生まれだが、今はずっとこちらにいるという。神戸から来たというと、四〇年ぐらい前に行ったことがあると懐かしそうに言った。四〇年前というと、まだ、戦前のことである。

「北吉原は、駅員がひとりしかいないので、ホームに入場券を持って来られないんだよね」

車掌氏がそう教えてくれた。それならば、封筒を渡せばよい。幸い、降りる人がいたので、改札口で渡してもらうことにした。この時代は深夜の小さな駅でも終列車まで駅員が勤務していたのである。

登別到着22時58分。もう、どうにでもなれ。こうなったら、とことん、最後までやってやる、と明日以降の旅に向けてファイトが沸いてきた。

そして、きょうの最終目的地、東室蘭には23時22分に着いた。朝、釧路を出発してから一五時間二二分。こうして、長い一日は終わった。列車は東室蘭から枝線に入り、室蘭まで行く。

「もしよかったら、封筒とお金を預かっておいて、室蘭までの途中駅の入場券も送ってやろうか」

まったく北海道の車掌氏は親切な人が多いと感激する。後日、それまで持っていなかった室蘭までの枝線の御崎《みさき》と母恋《ぼこい》の入場券が間違いなく送られてきた。

この夜の宿は東室蘭駅の待合室である。この駅は夜中に夜行列車が停車するので、網走と違って、一晩中、待合室が閉まることはない。当時のカニ族は、駅の待合室をステーションホテルと呼んだ。だが、この駅の待合室の椅子は長椅子ではなく、セパレート式で、それぞれに肘掛がついていたため、横になることはできなかった。さすがに地べたで寝るには抵抗があったし、もう南京虫に取りつかれるのはごめんだ。私はその椅子に座ったまま、いつの間にか眠りについていた。

釧路　8時00分（422列車）18時03分　滝川　DD51631　オハフ3378
滝川　18時29分（838列車）19時37分　岩見沢　ED76521　オハ351162
岩見沢　20時13分（232列車）23時22分　東室蘭　DD5110010　スハ32863

六　東室蘭〜函館〜青森〜八戸（室蘭本線・函館本線・青函連絡船・東北本線）

爽やかな朝、いよいよ津軽海峡を渡る日が来た。駅のベンチで一晩明かしても、少しは眠れたのだろう。朝から元気いっぱいだ。あのころは若かったなあと、つくづく思う。

きょうの一番バッターは、室蘭始発の函館行「２４０列車」である。東室蘭で一六分停車したあと、7時21分に発車すると、広い駅構内を抜け、工場の煙を見ながら進む。ちょうど一年前、私はこの駅で現役の蒸気機関車と永遠の別れを告げた。長万部行の普通列車を牽引していたデゴイチは、この駅でＤＤ51に付け替えられ、悲しそうな汽笛を鳴らしてこの広い駅構内に引き上げて行った。それが、私が見た国鉄最後の蒸気機関車だった。その別れの時から、まだ一年しかたっていない。まだ、あの時のデゴイチの咆哮が聞こえてくるかのようだった。

本輪西《もとわにし》を過ぎるあたりまでは、室蘭港と工場地帯を眺めながら、列車は進む。トンネルを抜け、稀府《まれっぷ》付近で海が見えてきた。対岸に渡島半島を望む内浦湾だ。朝の光を浴びて、海面が輝いているが、対岸に天気がよければ見えるはずの駒ヶ岳は霞んでいて見えない。これから、列車はずっとこの湾に沿って渡島半島の先端の函館を目指すのである。

伊達紋別には7時54分に着いた。急行列車や一部の特急列車も停車する伊達市の中心駅である。堂々とした木造の地上駅は、室蘭本線の主要駅の貫禄がある。この駅からは、胆振《いぶり》線が発着していた。胆振線は、昭和新山を眺めつつ、洞爺湖の周りをぐるっと回り、羊蹄山を望む倶知安《くっちゃん》までを結ぶ八三・〇キロのローカル線だった。この線には札幌から千歳線、室蘭本線、胆振線、函館本線を通り札幌に戻る循環急行「いぶり」が走っていた。胆振線が役目を終えたのは一九八六(昭和六一)年のことだったが、貫禄のある駅舎が今も健在なのは嬉しいことである。

伊達市にある有珠山《うすざん》が噴火し、胆振線が運休したのは、その時からちょうど一年後の一九七七(昭和五二)年八月のことで、半年以上過ぎても不気味な火山性地震が頻発した。有珠山は数十年ごとに噴火を繰り返しており、二〇〇〇(平成一二)年に噴火した時には室蘭本線が不通になり、寝台特急「北斗星」が、倶知安・小樽回りの函館本線経由で運転された。

洞爺湖の玄関口、洞爺《とうや》を過ぎ、今朝も豊浦、大岸、礼文、静狩《しずかり》と列車が進むと同時に、封筒作戦は順調に進む。

長万部には9時13分に着いた。室蘭本線はここで終わり、この先は函館本線に乗り入れる。ここで二七分間、停車する間に機関車を付け替える。ＤＤ51同士をなぜ交換する必要があるのだろうか。ホームで名物駅弁の「かにめし」を売っているが、四〇〇円（現在は一〇八〇円）もするので、買うわけにいかない。

国縫《くんぬい》からは、瀬棚《せたな》線が発着している。瀬棚線は国縫から山を越えて日本海側の町、瀬棚までの四八・四キロを結んでいたが、大半の列車が長万部まで乗り入れていた。この線も一九八七（昭和六二）年の民営化直前に廃止されている。北海道ではこの旅の時点で存在していたローカル線のうち、なんと、二六もの線区が日本地図から消えてしまったのである。

山崎《やまさき》には10時25分に到着。ここで特急「北斗1号」に抜かれるため、一〇分間停車する。左手には内浦湾が見えている。海を隔てて向こうには室蘭の地球岬が見える。すでにこの海に沿ってぐるっと左に九〇度ぐらい回ってきたのだ。列車が停車すると、静寂に包まれる。あたりには物音ひとつしない。潮騒の音が聞こえる。そんな海辺の駅を特急列車が颯爽と通過して行った。

八雲、山越、野田生《のだおい》と、列車はゆっくりとマイペースで南下を続ける。石倉あたりで、前方に駒ヶ岳が見えてきたが、残念ながら頂上付近には霧がかかっている。

森で函館本線は、山沿いの大沼公園経由と、海沿いの渡島砂原《おしまさわら》経由の二手に分かれるが、列車は海沿いの通称・砂原線を行く。山沿いよりも遠回りだが、左手に内浦湾、右手に駒ヶ岳の山麓を走るので、こちらの方が景色がよい。空が晴れてきた。右手には駒ヶ岳の稜線が見える。この線に沿ってこの山を眺めると、刻々とその形を変わるのが楽しみなのだが、きょうはその頂を望めそうにない。

民家の数がだんだん少なくなってきた。左手には時折、海が見える。尾白内《おしろない》、掛澗《かかりま》と小さな無人駅に停車する。ホームには赤や黄色の花が無数に咲き乱れている。この時期の北海道は本当に美しく気持ちがよい。

渡島砂原には赤いトタン屋根の大きな駅舎がある。北海道の典型的なローカル駅の風情が漂っている。数年前までこの線を走っていた黒い蒸気機関車が、いかにも似合いそうな駅だ。ホームには何人もの掛員がトラックからの荷物を荷物車に積み込んでいる。この列車も貨客混合列車だ。反対側の長いホームを貨物列車が通過して行く。線路は駅舎よりもやや高台にあり、駅の向こうには青い海が広がっているが、海上に船の姿は見えない。

列車は発車時刻を過ぎてもなかなか発車しない。荷物の積み下ろしに手間取っているようだ。だが、函館で青函連絡船への乗り換え時間はたっぷりある。あせることはない。

列車は12時05分、一三分遅れて渡島砂原を発車した。線路脇には、大きな葉っぱのクマザサが続いている。そして、車窓には杉並木が続く。周囲には、まるでクリスマスツリーのような針葉樹林や、白樺林が延々と続く。鹿部《しかべ》はそんな森の中にある駅である。本当に鹿でも出てきそうな場所にある。ここもトタン屋根の駅舎がある。

列車は内陸部に入ったので、海が見えなくなった。左手には雑木林の向こうにパノラマのように平地が広がっている。列車は高台の尾根の上を走る。

森林の中をさらに走り、銚子口に着いた。駅前に小さな集落がある。このあたりからは、森付近から見るのとは形の違う駒ヶ岳が、くっきりと見えるはずなのだが、この日は、ついにその雄姿を見せてはくれなかった。

大沼で山側の線と合流し、すぐに小沼湖畔を走る。このあたりの風景は何度見ても素晴らしい。私が始めて北海道に足を踏み入れた時、ここを走る蒸気機関車と駒ヶ岳の雄姿に感動した。その後、「北斗星」で来た時も、この付近に差しかかると、北海道に来たことを実感する。

だが、この北海道の風景とももうすぐお別れである。

やがて再び山の中を走った。渡島大野を過ぎると函館まではあとわずかである。まさかこの渡島大野駅が、二一世紀になって北海道新幹線の新函館北斗駅に生まれ変わろうとは、その時には予想だにもしなかった。

五稜郭《ごりょうかく》の機関区で、右手に解体を待つ蒸気機関車を見るうち、函館には定刻より一二分遅れて、13時18分に着いた。そして、この時、途中通った北海道内のすべての有人駅の入場券の収集に成功したのである。

鈍行列車の中では乗船名簿は配布されなかったが、今度の青函連絡船は14時40分出航の第8便である。青函連絡船には何回乗っただろうか。少なくとも学生時代には一三回北海道の土を踏んでおり、一度も飛行機には乗っていない。

当時、神戸にいた私は、大阪から日本海縦貫列車の「きたぐに」「白鳥」（特急列車は乗らないのが鉄則だが、大阪から青森までの「白鳥」だけは、その日のうちに青森に着くので例外だった。周遊券の有効期限を「きたぐに」より一日節約できるからである）や、「くずりゅう」「しらゆき」から乗り継いで、何回、津軽海峡を渡ったかわからない。往路は期待に胸を膨らませながら、帰路はなんとなく寂しい思いを胸に抱きつつ、この船に揺られたものだ。青森駅や函館駅での乗り換えの時に、席を確保するため、乗客たちは先を競って桟橋までの長い通路を走った。だが、この旅では、連絡船に接続しない普通列車からの乗り換えなので、走る必要はなかった。さらば、北海道――。

銅鑼の音とともに、津軽丸はゆっくりと、函館桟橋を離れた。背後には函館山と函館ドックが見える。私は潮風に当たりながら甲板にいるのが好きだ。空にカモメが舞っている。だが、青森までの三時間五〇分は貴重な休養時間。早々に船室に引き上げてシャワーを浴びた後、カーペットの上で横になったのだった。

恵山岬も竜飛岬も確認しないで熟睡しているうち、船は18時30分、青森桟橋に接岸した。赤帽の姿も見える。寝台特急や急行列車に乗り継ぐ人は長いホームを急ぐが、東北本線の上り普通列車は、20時20分までない。このまま途中下車をして青森に泊まることも考えたが、考え直して、少しでも先に進むことにした。

その列車を待つ間、青森駅からは、上野に向け「あけぼの2号」「ゆうづる1〜4号」「十和田2号」と次々に発車して行く。この当時、短時間の間にこれだけの夜行列車が、毎晩運転されていたのである。

東北新幹線が新青森まで開通した今、青森から盛岡までの東北本線は、青森〜目時《めとき》間が青い森鉄道、目時〜盛岡間はIGRいわて銀河鉄道と第三セクター鉄道に転換されているが、その時はそんなことはまるで、予想もできなかったことである。

わが一戸行客車鈍行「48列車」は、二時間半ぶりの普通列車であるにもかかわらず、車内の客は少なかった。今夜は、八戸駅の待合室で夜を明かすことにした。終点の一戸よりも停車する夜行列車が多く、待合室から締め出される可能性が少ない。また、八戸まで行っておけば、翌朝、八戸始発の一番列車に乗れるからである。

青森から八戸までは九六キロ、今では青い森鉄道の快速列車で一時間一六分、新幹線だと新青森からわずか二四分で着く距離だが、当時の客車列車は二時間以上を要していた。

青森の次の東青森と野内では、複線のためホームにはタブレット交換の駅員がおらず、降りる客もいなかったので、封筒を渡すことはできなかった。北海道から続いた途中全駅の入場券収集は途切れたが、それにめげずに浅虫、小湊、狩場沢《かりばさわ》と、可能な限り封筒作戦を続行した。

21時11分着の野辺地で大湊線を分岐するが、この日の大湊行の最終列車はもう発車したあとである。

三沢では一一分の停車時間の間に「ゆうづる5号」と「ゆうづる6号」を先に通した。これらの列車は、昼間上野から座席特急「はつかり」として青森までやって来て、すぐに寝台特急「ゆうづる」に姿を変え、再び上野を目指して夜通し走る583系電車だった。こんな働き者の列車が必要なほど、この時代は国鉄を利用する需要が多かったのである。

八戸には22時29分に着いた。今朝、東室蘭を出てから一五時間八分、昨日とほぼ同じぐらいの移動時間だったが、途中、連絡船内で昼寝したため、この日の疲れはたいしたことはなかった。

予想通り、八戸駅の待合室は一晩中開いており、追い出されることはなかった。ところが、寝袋を広げてベンチに横になっていると、警察官に起こされた。北海道とは違い、東北地方の駅で夜を明かすカニ族は少なかった。怪しいヤツが待合室にいると通報でもされたのだろうか。「ここで何をしている」「どこから来た」「どこへ行く」「身分証明書はあるか?」などと矢継ぎ早に質問された。

いわゆる職務質問である。でも、別にやましいことは何もない。以前にも何度か旅の途中で職務質問されたことがあったので、まったく動じることはなく、学生証を見せ、稚内から来て、長崎まで行くのだと言うと、若い警官はおおいに驚いた。そして、私に興味を持ってくれた。しばらくそこで警察官と話し込んでいるうち、それは職務質問ではなくなり、彼に旅の話を聞かせる場になったのだった。

最後に「じゃあ、気をつけて」と言った警察官がいなくなった後も、私は眠れなかった。今度は蚊の襲撃である。寝袋を頭からかぶると暑くて汗が吹き出てくる。でも体を出すと、たちまち、顔や手など刺されて痒くて仕方がなかった。「ブ～ン……」という蚊の羽音に悩まされながら、寝苦しい夜は更けていった。当時はまだ、虫除けスプレーなど普及していない時代であった。

東室蘭　7時21分（240列車）13時06分　函館　DD51507→DD511016）スハフ32388
函館　14時40分（8便）18時30分　青森　津軽丸
青森　20時20分（48列車）22時29分　八戸　ED7562　スハフ422085

七　八戸から盛岡を経て仙台へ（東北本線）

眠い朝を迎えた。今では新幹線が発着する巨大な高架駅になった八戸駅だが、当時はトタン屋根で平屋の地上駅で、この時の五年前までは明治以来、尻内駅を名乗っていた。この駅に発着する東北本線の普通列車はほとんどが客車列車で、そんな古い列車が良く似合う典型的なローカル駅である。駅舎寄りの1番線には、久慈行の八戸線の気動車が停まっていた。駅には高校生が大勢いる。冬の長い北東北の学校は、まだ夏休みに入っていないのだ。古めかしい跨線橋を上って7時10分発盛岡行の上り「142列車」に乗った。きょうはこれから、まっすぐ東北本線を仙台まで南下する。二晩続けての駅寝だったので、さすがに体がだるい。

列車は緑の大地を走る。剣吉《けんよし》、諏訪ノ平と封筒を配り、停車時間の長い三戸と金田一《きんたいち》（現・IGRいわて銀河鉄道金田一温泉）では、窓口まで入場券を買いに走り、ついでに駅のスタンプも押してくる。スタンプは全駅集めようとは思わないが、可能な限り、押してこようと思っている。一駅毎のこれらの行動が当たり前になってしまったが、なかなかのんびりと落ち着いて座っていられないのが辛い。はたして、このまま九州まで続けられるのかと不安に思う。稚内を出てから六日目。ようやく本州に入ったが、まだまだ旅は始まったばかりである。目時、斗米《とまい》と無人駅ではホームに出ないでいいので、ホッとする。

太陽が高くなるにつれて、暑くなってきた。本州に入った途端、朝から真夏の太陽が照りつけている。旧型客車には冷房はなく、扇風機が生暖かい空気をかき回しているばかりである。北海道の涼しさが懐かしい。

好摩《こうま》で花輪線を分け、岩手山を右手に見るうちに盛岡には9時28分に着いた。「やまびこ5号」上野行が発車を待っているが、私には縁のない列車である。盛岡で約一時間の待ち時間があるため、冷房の効いた喫茶店に入り、しばし休養する。コーヒーとモーニングセットで二百円の朝食。立ち食いそばで済ませれば、半分で済むが、体力温存のため、そのぐらいの贅沢はさせてもらおう。

今度の列車は10時31分発の「1142列車」黒磯行である。先頭に立つ機関車は、さきほどの八戸からの列車と同じED75104で、後ろの客車も同じ編成だった。つまり、この列車は、列車番号は変わったが、実は八戸を朝出発し、盛岡に一時間〇二分停車した後、黒磯までの四七九・九キロを走る長距離列車だったのである。当時の東北本線には、上野発一ノ関行とか、青森発仙台行といった長距離を走る普通列車がたくさんあり、そのすべてが客車列車だった。列車の運転区間が細分化された今日では、まったく考えられないことである。

盛岡から三駅目の矢幅《やはば》で特急「はつかり2号」の通過を待つ。早朝「ゆうづる2号」として上野から青森まで走った583系交直両用寝台特急電車が、数時間後に折り返して昼行特急として再び上野に向かっているのである。だが、わが客車鈍行は、そんな急ぎ足の列車は、我関せずとばかりにマイペースである。

釜石線を左に分ける花巻、北上線を右に分ける北上を過ぎる。北海道では、当時、接続していた多くの線が廃線になっているが、本州に入ってからは、すべて現存しているのが嬉しい。客車列車が走っていない線が多いので、今回の旅ではこのようなローカル線を通ることが少ないが、当時のローカル線は、今よりもはるかに利用客が多かった。

冷房のない鈍行列車の悲しさよ。ジリジリと照りつける太陽で車内がむせ返るような暑さだ。小さな駅に停まるとシーンと静まり返り、あたりは蝉の声しか聞こえない。そんな中を時折、特急列車や、貨物列車が通過していく。

東北本線に入ってから、封筒作戦は思わしくない。複線なので、反対列車との交換待ちがなく、停車時間が短い上に、駅員がホームに出ていない駅も多い。そんな駅では降りるお客さんに頼むのだが、降車客がいないともう、どうしようもない。花巻までの各駅で成功したのは矢幅のみ。北海道では全駅成功したのに、少々、意気消沈だが、仕方がない。まあ、今回、買えなくても改めて別の機会に買えばよいと割り切ることにする。陸中折居でホームにいた初老の駅員に封筒を渡して頼もうとした。すると、

「町さ、いがねば、ポストさねえから、だみだ」

と言う。そんなことを言われたのは、初めてだった。駅前にポストすらないのだろうか。この旅で手渡した多くの封筒には、「青森〜仙台間」というように郵便列車の消印が押されていた。この駅にはそんな郵便列車も停まらないのだろうか。でも、この封筒作戦は、多くの駅員の人たちにお願いしてその好意に甘えているのだから、たとえ、断られたとしても、文句を言ってはいけないのである。

列車はみちのくの夏の風をたっぷりと浴びながら、奥羽山脈と北上山地に囲まれた盆地の間を縫うようにしてひた走る。中尊寺の丘を右に見ながら平泉を過ぎ、大船渡線を分ける一ノ関には12時34分に着いた。この駅には、六年後には東北新幹線が発着するようになるが、このころは、ようやくその建設工事が始まろうとしていたころである。多くの乗客がここで入れ替わる。

次の有壁《ありかべ》で「はつかり3号」を先に通す。この列車も昼夜走り続ける583系である。私はその間に窓口に走る。きょうも朝から走ってばかりである。むせ返るほどの暑さの中、汗がじわっとにじんでくる。この三日間、まともに寝ておらず、列車に乗りっぱなし。そして、駅に停まる度にホー

ムに出たり、窓口に走ったりと忙しくてゆっくり落ち着いている暇がない。

車内でのんびりと煙草を吸っている客の姿が見える。この当時は、まだ、新幹線ですら禁煙車は存在せず、四人掛けボックスには、必ず灰皿が設置されていた。禁煙なのは東京や大阪近郊の国電だけであった。今から思うと、壁や床が木造の旧型客車が禁煙でないというのは、危険この上ないことだったが、煙草の火が原因の列車火災は聞いたことがなかった。

小牛田《こごた》には13時42分に着いた。駅構内には広大なヤードがあり、多くの貨車や気動車が留置されている。小牛田は陸羽東線と石巻線を分岐する交通の要衝である。蒸気機関車健在のころは、ここから陸羽東線や石巻線へ向かう貨物列車を牽引するC58やC11が集結して白い蒸気を噴き出していたものだ。新幹線開通後は優等列車の発着がなくなり、現在では広大な駅構内は雑草に覆われており、短い普通電車が行き来するばかりだが、当時はまだまだ、鉄道の町として栄えていたのである。

松山町では、気動車急行の通過を待つ。この列車は、青森から奥羽本線、北上線を経由してやって来た「きたかみ2号」と、宮古から山田線、釜石線経由でやって来た「陸中1号」が、北上から併結されて共に仙台まで併走するのである。当時は、ローカル線を経由して、そのような複雑な経路を辿る急行列車が数多く運転されていたものだ。

松山町を発車すると、列車は広々とした仙台平野を走る。窓からの風は緑の香りがする。水田の緑が目に染みるほど鮮やかだ。

松島で、今度は急行「もりおか2号」上野行を待つ。どこまでものんびり、ゆっくりとした鈍行列車の旅である。松島を発車すると、仙石線の線路と二度交差し、松島湾に浮かぶ島々を左手にチラリと見るうちに塩釜に着く。この駅でも五分停車した後、杜の都、仙台には15時06分に着いた。この列車は仙台で二八分間停車して、福島県を縦走し、栃木県の黒磯に着くのは、今夜、21時15分である。

だが、ほとんどの客が仙台で降りた。私も彼らとともにリュック背負い、仙台駅の地下道の階段を下る。きょうは仙台で泊まり、明日、仙山線に乗る予定である。

やれやれ、久々に布団の中で眠ることができる。今夜の宿は仙台おんないYHである。ここは、住宅街にあるごく普通の個人の家をYHとして開放したもので、洋服屋さんを家業としている。これまでも何度も泊まったことがあり、ペアレントとも顔馴染みなので、まるで、自分の家に帰ってきたような安らぎを感じる宿だ。

「おかえりなさい。やあ、久しぶりだねえ」

YHのコンセプトは、若者のための旅の我が家である。だから、初めて訪れた所でも、出迎えるペアレントやヘルパーたちは、「いらっしゃい」ではなく、「おかえり」と言う。そして、訪れたホステラーも「ごめんください」や「こんにちは」ではなく、「ただいま」と挨拶するのである。

早めに風呂に入り、洗濯を終えたあとは、本当にホッとしたものである。

おんないＹＨは、夕食が豪華なことで有名だった。当時のＹＨは、廉価なこともあり、食事は粗食が多かった。お代わりが自由にできない所もあり、食べ盛りの若者としてはひもじい思いをしたこともあった。だが、そんな中で、このおんないＹＨは別格で、ボリュームがあり、おかずも盛りだくさんだった。なので、東北を旅する時には必ず、この宿に立ち寄った。この日は、ここの夕食を目当てに、盛岡でのモーニングセットの後、昼食を抜きにしたほどである。

庭にテーブルを並べ、そこに集う男女が語らう食卓は楽しかった。私が稚内から長崎まで鈍行列車に揺られながら日本縦断をしている途中だと言うと、皆、珍しがり、話を聞きに私を取り囲んだ。ここまでの旅で集めた入場券を見せると、皆、一様に目を丸くした。その夜、私は人気者になった。

こうして、私は三日ぶりに英気を養うことができた。夜、床に入っても、カタン、コトンという列車の走行音が耳について離れなかった。

八戸　７時10分（１４２列車）９時28分　盛岡　ＥＤ75１０４　ナハ11２０８３

盛岡　10時31分（１１４２列車）15時06分　仙台　ＥＤ75１０４　オハ47２０３４

八　仙台から羽前千歳経由、秋田まで（仙山線・奥羽本線）

仙台は、朝から暑い陽がすでに照りつけていた。それでも、元気を取り戻した私は、再び客車鈍行の旅を続ける。きょうは、仙台と山形を結ぶ仙山《せんざん》線で、山形の二駅手前の羽前千歳《うぜんちとせ》まで行き、その後は奥羽本線を北上して秋田までの行程だ。当初の予定では横手のＹＨに泊まるつもりだったが、満員で断られたため、急遽、行先を秋田に変更した。

せっかく、東北本線を仙台まで南下したのに、再び、北東北に逆戻りである。これも、できるだけ長い距離をひと筆書きで旅するため、このような経路になったのだ。数日後には、秋田から新津、会津若松、郡山を経て、再び東北本線を北上し、仙台に近い岩沼まで戻ってくる予定である。

仙山線は、今では愛子《あやし》まで仙台のベッドタウンとして、頻繁に電車が運転されているが、当時は山形までの普通列車は一日に六本しかなく、そのうちの四本が客車列車だった。そのほかに急行列車が五往復走っており、山形行の「仙山」のほか、米坂線経由の新潟行の「あさひ」、陸羽西線経由酒田行の「月山」などバラエティに富んだ列車が運転されていた。

仙台発8時52分発の「825列車」山形行に乗る。およそ二時間ぶりに発車する普通列車にもかかわらず、車内は閑散としていた。山形まで向かう人は皆、急行列車を利用するのだろう。仙台をゆっくりと発車した列車は、東北本線を跨ぎ、大きく左にカーブしながら山形を目指す。住宅街の真ん中をしばらく走ると、北仙台に着く。この駅は築堤の上にホームがあり、左手にはちょっとモダンな木造駅舎が建っている。この駅舎は今でも健在である。

北仙台を発車すると、すぐに住宅街が途切れ、空き地が目立つようになる。今では、このあたりは多くの住宅が建ち並び、途中にその後、次々と新しい駅が四か所も設置されたが、当時は北仙台の次は七・九キロ離れた陸前落合であった。列車が広瀬川を渡ると、陸前落合、愛子、陸前白沢と徐々に山の気配が漂ってくる。

仙台の奥座敷と呼ばれる温泉の沸く作並《さくなみ》のあたりから、列車は深い山の中に入る。山峡にこだまする甲高い音の機関車のホイッスルがなんともいえない。このあたりまで来ると、窓から吹く風がひんやりとして爽やかである。

そんな山の中の小さな駅、奥新川《おくにっかわ》には、「東北鉄道電化発祥之地」と書かれた木製の記念碑が建っていた。ここ、仙山線は、日本で始めて交流電化を実用化した線でもあり、この駅には、この時、すでに使われなくなった変電所の建物が残っていた。

奥新川を発車すると、ほどなくトンネルに入る。宮城県と山形県の県境にあたり仙山トンネルである。カタコン、カタコンと列車の音だけが長いトンネルの中に響く。

トンネルを出ると、面白山《おもしろやま》仮乗降場（現・面白山高原）にも停車する。せっかく停まっても乗降客はいないが、静かな緑に囲まれた山の中、蝉の声だけがあたりに響いている。

そして、分水嶺を越えて流れの向きの変わった川を渡ると、山寺に着く。この駅の近くには、「閑さや岩に染み入る蝉の声」の芭蕉の句で名高い立石寺《りっしゃくじ》がある。左手の山の上にお堂が見える。夕方にカラスが鳴いていたら、正に童謡の世界のような風景だ。

列車は10時20分に奥羽本線と接続する羽前千歳に着いた。列車はこのまま山形まで行くが、私は奥羽本線の下り列車に乗り換えるため、この駅で降りた。瓦屋根の小さな駅だ。駅前にある赤いポストが印象的である。今日、駅の正面に派手なドリンクの自販機が何台も設置され無粋な感じがするが、そのころは、まだ今ほど自販機が普及していなかったので、すっきりとしている。

ここは涼しい山間部の路線を過ぎ、山形盆地の真ん中に入ってきたため、うだるような暑さだった。このあたりは、冬は雪が多いものの夏の暑さは厳しい。この時はまだ、日本の最高気温の記録は山形であった。

自販機はないが、駅前に雑貨屋さんがあった。あまりの暑さに牛乳を一本買う。今のような紙パックはなく、牛乳瓶をラッパ飲みすると、冷たくてうまかったので、一気に飲み干した。あまりのうまさに、もう一本買って、口に含んだ途端、私はその場で吐き出してしまった。それは、明らかに腐っており、すえたような強烈な異臭を発していたのだ。旅の途中でお腹を壊したら一大事。飲み込む前に気がついてよかった。もちろん、店のおばさんに言って二本目の牛乳代を返してもらったことは言うまでもない。

さて、今度は11時56分発の「1423列車」秋田行に乗る。奥羽本線は福島から山形、秋田を経由して青森に至る延長四八四・四キロの長大な幹線で、福島から秋田へは、奥羽山脈や月山、鳥海山などの山々に囲まれながら東北地方を縦走するのである。

今では、福島から新庄までは山形新幹線の「つばさ」が乗り入れるため、在来線の一〇六七ミリから、新幹線と同じ線路幅の一四三五ミリに改軌されている。そのため、軌間の異なる区間を跨って列車が乗り入れることができないが、当時は上野発奥羽本線経由青森行の寝台特急「あけぼの」や、急行「津軽」など数多くの優等列車がこの路線を走っていた。

だが、わが客車鈍行は、のんびりとしたマイペースの走りを見せてくれるのであった。列車はいくつかの小さな無人駅を通過しながら、漆山《うるしやま》、天童、神町と順調に北上を続ける。むっとする暑さだが、昨夜はＹＨでたっぷり休養したのですこぶる元気だ。このあたりの車窓からはサクランボ、梨、ぶどうなどの豊かな果樹園が続く。真夏の太陽に照らされて、山形盆地から尾花沢盆地、さらに庄内盆地へと分け入っていく。

右手に南新庄駅を見て、陸羽東線と合流すると13時07分に新庄に着いた。この駅で一〇分間の小休止である。新庄は貫禄のある古い木造駅舎で、鳴子方面の陸羽東線と、余目方面の陸羽西線を分岐する。駅構内には古い煉瓦造りの車庫があり、つい数年前までは、ここで蒸気機関車が屯《たむろ》していたことだろう。今では、この駅は山形新幹線が発着する近代的な駅に生まれ変わっている。

真室川《まむろがわ》でも一〇分停まって上野からの「つばさ1号」を先に通す。列車は徐々に県境に近い山の中に差し掛かる。暑さが和らぎ、風が心地よい。今日では、大半の列車に空調設備があるため、窓からの風を列車の中で直接浴びることは珍しくなってしまった。だが、当時の普通列車は、都会の電車であっても冷房はなく、夏になると窓を開けるのが当たり前だったのである。

県境の駅、及位に着いた。これで〝のぞき〟と読む難読駅である。藍色の木の板に白い文字で書かれた駅名票がなんとも渋い味わいを出している。山の中の小さな駅だが、何人もの地元民が降りて行く。その中のひとりに封筒を手渡して駅員に渡してくれるようにお願いする。封筒作戦はきょうも着々と進行している。

列車は悲しげなホイッスルを響かせながら、山の中をゆっくりと走る。毎日カタンコトン、カタンコトンという単調な音を聞きながら旅は続く。それは、誠にリズミカルで心地よい音だ。なぜか、私はこの音を聞いていると、心が落ち着く。窓からは時折、藁葺屋根の家が見える。冬は豪雪地帯なので、どこの家も屋根の傾斜が鋭い。

やがて、秋田県に入った。三関《みつせき》から乗り私の前に座った若い女性が、乗る列車を間違えたようだ。事情を聴くと、どうやら、上り列車と下り列車を間違えたらしい。鶴岡に住む彼女は、上り列車で新庄まで行って陸羽西線に乗りかえるつもりが、間違って下りの秋田行に乗ってしまったのである。そこで、私が時刻表で調べ、ふたつ目の湯沢で降りて、上りの急行に乗り換えて新庄まで行くとよいと教えた。彼女は酒田の栄養士学校に通っているという二二歳。困ったような顔と、湯沢で降りて行く時の笑顔が、ちょっと魅力的なお姉さんだった。今はもう還暦を過ぎているはずだが、きっと、いいお母さんになったことだろう。

湯沢を過ぎると、やがて、十文字《じゅうもんじ》で一八分の停車。列車が長時間停車すると、なぜだかホッとする。急行「おが1号」に抜かれるが、そんなことはお構いなしに列車は悠然と停車している。その間、私はサンダルを引っ掛けて、窓口で入場券を買い、駅のスタンプを押し、それでも時間が余ると、駅前を散歩して帰ってくるのだ。

北上線を分ける駅、横手には15時56分に着いた。横手は冬のかまくら祭りで有名な町である。ここにも歴史を感じさせてくれるどっしりとした駅舎があった。一四分間の停車時間に駅の周囲を散歩した。駅前には平源別館という木造三階建ての古風な旅館があった。いかにも雪国の駅前旅館という風格があったが、今ではその駅舎も旅館も建て替えられて跡形もない。

田沢湖線を分岐する大曲を過ぎ、神宮寺、刈和野《かりわの》、峰吉川と列車は丹念に停車し、その度に地元の人たちが乗り降りをする。秋田が近づくに従って、乗客が多くなってきた。

この大曲〜秋田間は、今では田沢湖線を通って盛岡からやって来た秋田新幹線の「こまち」が走るが、線路は奥羽本線の横手方面から乗り入れる一〇六七ミリの在来線と、一四三五ミリの新幹線用の線路が併走している。見た目は複線だが、それぞれ軌間の異なる単線である。

列車は、17時48分、終着駅の秋田に到着した。この日の宿は秋田市内にあるＹＨ八橋《やばせ》青年の家である。スポーツ合宿中の学生が多く、旅行者は少なかった。その夜は暑くて寝苦しかった。列車内だけでなく、ＹＨにも冷房はなかったのである。

仙台　8時52分（８２５列車）10時20分　羽前千歳　ＥＤ78１０　オハフ61２５９２
羽前千歳　11時56分（１４２３列車）17時48分　秋田　ＥＤ75７５８　オハ46２６６７

九　秋田から新津へ、そして新発田駅事件（羽越本線）

蒸し暑い夜が明けた。きょうは秋田から羽越本線を日本海に沿って新津まで南下する。13時ちょうど発の新津《にいつ》行に乗るつもりだったが、秋田駅で「下浜海水浴場」のポスターを見つけた。下浜は秋田から羽越本線で三つ目の駅である。都合のいいことに、乗る予定の列車の前に10時56分発の酒田行「836列車」がある。新津行に乗る前に、とりあえず下浜まで行き、日本海でひと泳ぎして涼をとることにした。そんなこともあろうかと、海水パンツを用意してあった。この日はその列車の前に「かっぱ1号」「かっぱ2号」という海水浴客目当ての臨時列車があったが、いずれも気動車なので乗るわけにはいかない。

列車が下浜に着くと家族連れなど、大勢の海水浴客が降り立った。今ならほとんどの人がクルマで行くのだろうが、このころはまだまだ列車でレジャーに出かける人も少なくなかった。

普段は無人のこの駅にも臨時の駅員がいて、切符を回収したり販売したりしている。私の稚内から長崎までの乗車券を見ると、駅員の誰もが驚いて、じっくりと見るのが面白くもあり嬉しかった。入場券はないが、代わりに下浜発の硬券乗車券を買った。この駅を管理する隣の新屋《あらや》駅発行の文字があった。

この日はたまたま日曜日ということもあって、下浜の海岸は家族連れで賑わっていた。北国・秋田の人たちが、片時の夏を楽しんでいる。こんな時にひとりで海水浴をするというのは、少々気恥ずかしいし、寂しくもあるが、猛暑の中、海に入って泳ぐのは気持ちよかった。右手後方には薄っすらと男鹿半島が見える。海の家を利用するのはもったいないので、海水パンツは予め朝、YHで履いておき、砂浜の適当な場所にリュックをおいて、砂の上に寝転んだ。次の列車までは二時間あまり、途中下車して、海に入るのにはちょうどいい時間だった。

次の列車は、下浜13時22分発「838列車」新津行である。新津までは7時間半以上の長旅だ。国道に沿って右手の車窓に日本海が見える。次の道川にも海水浴場があるため、秋田からの海水浴列車は道川まで行く。普段は無人駅のこの駅にも臨時駅員がいた。

次の羽後亀田は。松本清張の小説『砂の器』の舞台のひとつになった駅である。この地方の方言と、島根県の木次線亀嵩駅《きすきかめだけ》あたりの方言が似ていることをヒントにしたものだが、清張は秋田県と島根県という遠く離れた土地の言葉が、似ているとよく気がついたものだと思う。

羽後本荘《うごほんじょう》には14時03分に着いた。この駅では八分間停車する。このぐらい停車時間があると、ゆっくりと入場券を買いに行けるので楽だ。かつては、寝台特急「あけぼの」や「日本海」も停車した主要駅だけあって、乗降客も多く、ここから分岐する矢島《やしま》線に乗り換える人の姿も見える。この列車に接続して先に発車する矢島線の羽後矢島行を見送ると、14時11分に列車はおもむろに発車した。矢島線は、一九八五（昭和六〇）年に第三セクターの由利高原鉄道に転換され、現在も鳥海山麓をトコトコと元気に走っている。

羽後本荘を出て、しばらくするとすぐ左手に並行して矢島線の薬師堂駅が見えるが、羽越本線の列車はこの駅には停車しない。

仁賀保《にかほ》を過ぎ、象潟《きさかた》が近づくと左手に鳥海山の美しい山容が見える。海岸近くを走るので右手は松並木が美しい。五分停車の象潟からは海水浴帰りの客が乗って来た。このあたりにも海水浴場があるようだ。

吹浦《ふくら》から山形県に入る。この駅で四分停車する間に、急行「もがみ」を先に通す。この列車は、羽後本荘始発で、余目《あまるめ》から陸羽西線に入り、新庄で前半分は奥羽本線経由で米沢まで、後ろ半分は陸羽東線・東北本線経由で仙台まで運転されていた。今では考えられないようなルートだが、最盛期には六両編成で二往復走っていたので、それなりの需要があったのだろう。「ポワ～ン」と軽やかなタイフォンを鳴らしてキハ58が通過して行く。吹浦からも海水浴客が大勢乗って来て、車内は満員になった。

前の座席に五歳ぐらいの女の子がいる。席でアイスクリームを食べるのはよいが、顔中クリームだらけで、服にもポタポタ落とし、とうとう床に落としてしまった。ところが、それをまた拾って食べてしまう物凄さ。この子はきっと大物になったことだろう。

続いて座ったお婆さん二人組。すごい訛りで何を言っているのかさっぱりわからない。最近では、地方でも難解な方言を使う人が少なくなってきている感があるが、この当時は、地方の鈍行列車に乗ると、このお婆さんのような聞き取れないほどのネイティブな方言をしばしば聞くことができたのだ。

列車はほどなく南鳥海に停車する。暑さで頭がクラクラしてきた。

15時47分に着いた酒田で四三分間の大休止。ここで、下りの新津発秋田行の「837列車」と交換する。本当にのんびりとした汽車旅である。

最上川の鉄橋を渡り、余目で陸羽西線の線路を分ける。

「次は余目、狩川《かりかわ》、スンジョウ（新庄）方面はお乗換え～」

お国訛りの車内放送が流れ、ここがみちのくであることを実感する。猛暑が少し和らいできて、左手に月山が見えてくると、ほどなく鶴岡に着いた。時刻は17時12分。最初の予定では、鶴岡の三駅先の三瀬《さんぜ》で降りて、近くにある鶴岡YHに泊まるつもりで電話したところ、満員だったので、終点の新津まで行くことにした。この当時は、YHが満員で泊まれないことがしばしばあったのである。だが、このことがその夜の大失態につながるのである。

三瀬を過ぎ、小波渡《こばと》あたりからは、右手に夕方の海を眺めながら列車は順調に南下を続ける。温海《あつみ》（現・あつみ温泉）、鼠ケ関《ねずがせき》、府屋《ふや》と、有人駅ではあいかわらず封筒作戦を続行している。いつしか列車は新潟県に入った。

右手の海に粟島の島影を見て、真夏の太陽が正に日本海に沈まんとして、西の空が紅色に染まったころ、やがて、列車は越後寒川《えちごかんがわ》に着いた。

この駅で、大阪からやって来た青森行の特急「白鳥」と交換する。「白鳥」に乗って北に向かったのは、一六日前のこと。あれから北海道、東北とゆっくりと回って、これから九州までの旅が続く。この列車に乗ってからすでに六時間余、朝、海水浴をしたことも影響しているかもしれない。疲れは、もはやピークに達していた。

それでも、六分停車の村上では、入場券を買いに窓口まで行った。村上は酒どころ新潟の、古い酒蔵のある町。そして、粟島への船は村上港から出航する。

坂町で米坂《よねさか》線を分ける。四年前、初めて線路脇で蒸気機関車の写真を撮影したのは、この坂町付近だった。その時、羽越本線の下り貨物列車を牽引してきたのは、C57の1号機だった。この機関車は、国鉄からすべての蒸気機関車が退いてから四年後に山口線で復活した「SLやまぐち」の牽引車として選ばれた機関車で、今も、山口線の新山口～津和野間で、その雄姿を見ることができる。坂町はその機関車と出会った思い出の場所である。

闇の中を列車は黙々と走り続ける。「ピッー」というホイッスルの音を聞くと、疲れてはいてもいい気分になる。その時、眠気と疲れで、頭がかなりボケッ～としていた。思考能力も著しく劣っていたに違いない。

列車は村上を出たあたりから二、三分遅れていた。そのことには気づいていたことは確かである。列車は20時14分、新発田《しばた》に到着した。新潟方面へ向かう白新線と、一九八四（昭和五九）年に廃止された、新発田～東赤谷間一八・九キロを結んでいた赤谷線が分岐するちょっとしたターミナルである。この駅の停車予定時間は三分。私は迷うことなく、入場券を買うために地下道をくぐり抜け、窓口へと走った。列車が遅れていることはわかっていたが、その分、発車も遅れるだろうと高をくくっていたのかもいれない。

ところが、この時の新発田駅は入場券や近距離乗車券はすべて自動券売機の発売になっており、窓口では買えなかった。そこでやむなく、券売機で三枚買ったが、当時の券売機は今のように三枚まとめて買える機能がない。そうこうしているうちに、ＥＤ75電気機関車が発車を知らせるホイッスルを鳴らしたのである。

仰天した私は、改札口の駅員の「あぶないっ！」という制止を振り切って、地下道を全力疾走してホームに駆け上がり、発車した列車のデッキに飛び乗ったのだった。

実は、以前にも、入場券を買いに走った駅で列車が発車してしまい、荷物だけが先に行ってしまい困ったことを二度も経験していたのだ。その時、危険を感じる咄嗟の判断力はなく、ただ、乗り遅れたくないという本能がそうさせたのである。ドアが開けっ放しだったからこそできた芸当だが、その時、発車した列車は正に加速しようとしていたところで、私はデッキの壁に頭と足をしこたまぶつけたのだった。当時流行った歌謡曲に、動き始めた列車に飛び乗るという、今ではありえないくだりがあったが、そんな悠長なことではなかった。ひとつタイミングが違っていれば、命に係わる事故になっていたかもしれなかったのである。

気がつくと、頭をぶつけた衝撃で、私の眼鏡がどこかに飛ばされてしまった。頭は瘤ができたぐらいで済んだが、右足も痛い。それより、眼鏡のスペアを持っていなかったので、ド近眼の私は、このままでは旅を続けることは困難になってしまった。足を引きずりながら、自分の席に戻った私は途方に暮れた。それでも、途中駅の水原では封筒作戦を続行したのは、ほとんど本能のように思える。

遅れを取り戻した列車は20時55分、定刻に新津に到着した。この日は新津駅で夜を明かし、翌朝一番の磐越西線で郡山を目指す予定だったが、一旦、休止せざるをえない。
私は、あまりの馬鹿さ加減に自己嫌悪に陥った。停車時間が短い可能性があるなら、直接買いに行かなくても、封筒作戦でいけばよかったのだ。それを貧乏学生の悲しい性で、切手代を節約するために、直接買いに走って酷い目にあってしまった。たった五〇円の切手代のために命まで失うところだったのである。暑さと疲れのせいで、冷静な判断力に欠けていたのかもしれない。けれども、この時、二度とこのような無謀なことはしないと、固く心に誓ったのだった。

秋田　10時56分（836列車）11時13分　下浜　ED75 716　スハ43 2011
下浜　13時22分（838列車）20時55分　新津　ED75 704　オハ35 2595

一〇　新津から郡山を経て岩沼、そして再び仙台へ（磐越西線・東北本線）

私は眼鏡を新調した後、気を取り直して二日後に旅を再開した。気分を一新しての新たなる旅立ちである。幸い、頭や足をぶつけた痛みはたいしたことがなかった。眼鏡が身代わりになってくれたのかもしれない。二日間休養したことにより、体力も万全だ。

私は、当初予定通り新津駅の待合室で一夜を過ごし、磐越西線の朝一番の列車に乗った。新津は信越本線、羽越本線、磐越西線の交差する鉄道の要衝で、それに相応しい堂々たる木造駅舎があった。駅構内には大きな車庫や、広大なヤードがあり、新津は正に鉄道の町として栄えていた。当時、真夜中に夜行列車が何本も停車するので、待合室が一晩中開いているのも有難かった。後に「ＳＬばんえつ物語号」が走り始めた頃にはまだ健在で、蒸気機関車の姿に実によく似合う駅だったが、二〇〇三（平成一五）年にどこにでもある橋上駅に改造されてしまったのは、誠に残念である。

新津発6時03分の「224列車」で一気に郡山を目指す。越後平野の田園地帯をしばらく走ると、やがて五泉《ごせん》に着く。右手に錆びの目立つホームに、恐ろしく古めかしい電車が停まっている。これが蒲原鉄道の加茂行の始発電車だった。私の乗っている茶色の旧型客車と、その古い電車の姿は、まるで戦前の映画を見ているような出会いであった。私の乗ったオハ42には座席の背もたれにモケットがなく、ニスで光る板のままで、窓の日除けは鎧戸だった。戦前と違うのは、客車を牽引する機関車が蒸気機関車でないことだけである。蒲原鉄道は、信越本線の加茂と、磐越西線の五泉間の二一・九キロを結ぶローカル私鉄で、この時点ではこの路線は私にとって未知の鉄道で、この時から四年後に初めて乗っている。だが、新潟県の豪雪地帯を走るこの老兵は、近代化されることもなく、段階的に廃止され、一九九九（平成一一）年に日本地図から消えた。

なだらかな盆地を走っていた列車も、馬下《まおろし》を過ぎるあたりから山深くなってくる。と同時に左手に阿賀野川が見え隠れする。新津から喜多方《きたかた》までの磐越西線の新津～喜多方間に乗るのはこの時が初めてだった。咲花《さきはな》、五十島《いがしま》と、時々、短いトンネルを潜りながらも美しい清流に沿って走る。初めて見るこの車窓から広がる絶景に、思わず目を見張る。ゆっくりとした列車の速度が心地よい。五十島を過ぎると鉄橋を渡り、川が右手の車窓に移った。それに合わせて私も席を移動する。窓からの朝の風が心地よい。時折、山間に響くディーゼル機関車の咆哮が旅情を誘う。どんなに遅くても、どんなに古くても、やはり、私はこんな列車の旅が大好きだとしみじみと思う。新発田駅の眼鏡事件で懲りたので、入場券収集のための封筒作戦は休止していた。のんびりと車窓風景を楽しめたのは、そのおかげである。津川、鹿瀬《かのせ》と絶景が続く。

列車は日出谷《ひでや》に着いた。ここで二両つないでいた機関車のうち一両を切り離す。山間の小駅なのにホームで駅弁売りの声がする。今なら間違いなく買ったところだが、貧乏学生の私は我慢する。機関車切り離しの間に七分停車するので、入場券を買いに窓口に行く。すると、やっぱり各駅の入場券が欲しくなった。

その後、六分停車の野沢でも買いに行く。時刻は八時を過ぎた。だんだん日が高くなるにつれ、暑くなってきた。きょうも厳しい暑さが続きそうだ。

蕎麦の里、山都《やまと》を過ぎ、阿賀野川の支流、一ノ戸川鉄橋から盆地を見下ろすと、やがて喜多方に着く。ここまで来ると、ようやく会津盆地に入り、家も多くなってきた。この時代、まだまだ藁葺屋根の家も多い。喜多方は今では、喜多方ラーメンと蔵の街として名高いが、当時はまだそれほど有名ではなかった。

喜多方からは熱塩《あつしお》までの日中線が分岐している。だが、次の列車は七時間以上あとまで発車しない。日中線とは名ばかりで、朝一本、夕方二本の合計三往復しかなく、日中走る列車は一本もなかったのである。走る列車はすべて客車列車、かなり遅い時期までＣ11形蒸気機関車が牽引していたので、その姿を撮影するため、すでに私はこの線を訪れていた。日中線は、喜多方から米沢を結んで東北縦貫鉄道の一翼を担うはずだったが、途中の熱塩までの一一・六キロが開通した後、戦争の影響で延伸計画が頓挫してしまった。一時、沿線の鉱山輸送を担ったこともあったものの、やがて、完全に見捨てられたかのように荒れ果ててしまった。熱塩駅は、三角屋根の西洋風のモダンな駅舎だったが、晩年には壁板がはがされ、窓ガラスも割れて、まるでお化け屋敷のような有様であった。それでも、日中線の古びた客車は、この後、八年後の一九八四（昭和五九）年まで、人知れず走り続けたのである。

現在の旧熱塩駅舎は、日中線記念館として資料などが展示されているほか、メートル単位の間取構造の駅舎は、当時としては稀な欧州風の粋な建物だ。ラッセル車や旧型客車、転車台なども合わせて保存されている。

そんな喜多方を発車し、塩川を過ぎると、9時05分、会津若松に着く。この駅は磐越西線の中心駅で、すべての列車がこの駅でスイッチバックする。会津若松からは、全通して間もない只見線と、一九八七（昭和六二）年に第三セクターの会津鉄道に移管された会津線と接続している。当時の会津線は、終点が会津滝ノ原（現・会津高原尾瀬口）で、この時はまさか、会津線の会津田島から東武浅草に直通する特急電車が走るようになるとは、夢にも思わなかった。当時の会津線は、仙台からの急行「いなわしろ」が一往復だけ会津田島まで乗り入れていたものの、終点の会津滝ノ原まで行く列車は、一日四本しかない閑散路線であった。

会津若松で小休止した列車は、進行方向を変えて9時26分に発車した。乗客の大半が入れ替わっている。列車は高森山の麓を蛇行しながら進む。ホームに黒い立派な木造の屋根がある磐梯町を過ぎ、会津磐梯山が見えてくると猪苗代に到着する。上野からの特急「会津」も停車するこの駅で大勢の客が乗降を終えると、列車はすぐに発車した。

猪苗代湖を右手にチラリと見て、トンネルを抜けると上戸《じょうこ》である。さらに中山峠のトンネルをくぐり、深い山の中にある駅が中山宿だ。この駅に停車する時、一旦、ホームに入線して客の乗降が終わると、今来た線路をバックして本線に戻り、再び向きを変えて郡山方面に向かった。向きを変える時、機関車を付け替えるわけではないので、それは、それは、慎重に、実にゆっくりとした動きだった。これは、中山宿周辺の勾配がきついため、スイッチバックをしなければ、この駅に入線することができなかったからである。だが、その後、列車の電車化や機関車の牽引列車が停まらなくなったことなどで、一九九七（平成九）年にスイッチバックは廃止され、駅も八百メートルほど会津若松寄りに移動している。今も、ここを通る車窓から、このスイッチバックの廃線跡をはっきりと眺めることができる。

列車は、温泉の街、磐梯熱海を過ぎ、徐々に山を下りて行く。やがて、工事中の東北新幹線や、大きな建物が見えて来て、11時09分、郡山に着いた。大宮から盛岡までの東北新幹線が開業したのは、この時から六年後のことである。郡山では東北本線のほか、磐越東線と、次の安積永盛《あさかながもり》から分岐する水郡線と接続する。

私は立ち食いそばの昼食をすませた後、12時50分発、東北本線の下り盛岡行「1527列車」に乗り継いだ。これから九州を目指すと言うのに、再び東北本線を北に向かうとは、随分、酔狂なことだが、まっすぐに上野に向かうよりも東北本線を北上し、岩沼から常磐線に乗り換えた方が、距離がずっと長いからである。

当時の東北本線の普通列車は、全線にわたって客車鈍行が走っていた。さすがに上野に近い黒磯以南は電車が主流だが、黒磯より北、仙台や盛岡から青森に行く普通列車の大半がこのような旧態依然とした客車列車だったのである。

この列車は郡山から東北本線を北上して盛岡までを九時間四〇分かけて走る、正に地を這うような鈍行列車だった。新幹線のなかったこの当時、東北本線には特急や急行列車が頻繁に走っていた。それに加えて急行貨物列車も走る一大幹線である。その合間を縫って、鈍行列車は、ゆっくり、のんびりと北へ向かうのである。

二駅目の五百川《ごひゃくがわ》で早速六分停車する。私が喜んで入場券を買いに行っている間に「はつかり3号」が颯爽と通過して行く。この列車は上野を朝10時30分に発車して、青森に19時04分に着く。全車指定席で、食堂車も連結された当時の東北本線の看板列車である。だが、私はこの時、ちっとも羨ましいとか、乗ってみたいとか思わなかった。のんびりとした鈍行列車の旅の方が、はるかに性に合っているると思ったのである。

菊人形で有名な二本松《にほんまつ》を過ぎ、松川で九分停車する間に、今度は仙台行のL特急「ひばり5号」が通過して行く。松川は戦後の動乱期、一九四九（昭和二四）年に蒸気機関車が転覆し、機関士ら三名が殉職するという事故が起きている。

安達太良山を左に見て、広大な田園地帯を走ると、やがて福島に着いた。時刻は14時10分。この日も真夏の強烈な太陽が照りつけている。同じ客車鈍行でも、走り始めると、支線に比べて幹線を走る列車は速く感じる。

福島からは奥羽本線が分岐する。奥羽本線は、今では改軌され、同じ線路の上を山形新幹線が新庄まで通うが、当時は山形から秋田へ、さらに青森へ向かう特急・急行列車が頻繁に走る幹線であった。福島から三駅目の赤岩、山形県境を越えて、板谷、峠、大沢と、四駅連続の壮大なスイッチバック駅が続いたが、こちらも山形新幹線の直通運転を前にして一九九二（平成四）年にすべて解消された。

福島を14時22分に出ると、再び広大な田園地帯を走る。県都の福島からでも少し走ると、田んぼが広がる風景となる。今度は藤田で急行「いわて2号」盛岡行に道を譲る。貝田《かいだ》を過ぎると福島県から宮城県に入る。単調な風景とリズミカルな列車の走行音が眠気を誘う。だが駅に停車し、あたりに静寂が訪れると、居眠りをしていても目が覚めるのだから不思議なものだ。あたりには蝉の声がする。

白石で一〇分間停車する間、先に発車するのは仙台行の「ひばり6号」である。私が郡山で立ち食いそばを食べていたころ上野を発車した特急に、もう抜かれるなんて、このスローモーさは、鈍行列車の本領発揮といったところか。

東白石の周辺は左手に白石川の清い流れに沿って走る。窓を開けても熱風が吹きこむばかりの暑さだが、こういう車窓の眺めは、一服の清涼剤である。

しばらく白石川が見え隠れするうちに船岡《ふなおか》を過ぎた。やがて、右手から有数の赤字線だった丸森線が合流する。この時の丸森線は、槻木《つきのき》と丸森の間を気動車が一日五往復するだけの閑散路線だった。一旦は廃止対象路線に指定されたが、一九八六（昭和六一）年に第三セクター化され、阿武隈急行に移管されると、電化した上で路線を福島まで延伸し、今では福島郊外を走る重要な通勤通学路線に変貌している。事情は異なるにせよ、日本地図から消えて行った多くの赤字路線とは異なる、前向きな道を歩んだことは嬉しい限りだ。

列車は16時05分に、常磐線との分岐駅、岩沼《いわぬま》に着いた。旅のルートは岩沼から常磐線で南下するのだが、私は乗り越し運賃を払い仙台でこの列車から降りた。

五日前に泊まった旅の宿、仙台おんないＹＨに再び泊まるためである。このＹＨは私にとっては、正に旅の我が家だった。

「ただいま〜っ！」

私はまた、この宿に帰ってきたのだった。

新津　6時03分（224列車）11時09分　郡山　DD51 38+DD51 15〜ED71　オハ61 2721

郡山　12時50分（1527列車）16時38分　仙台　ED75 147　オハ47 2094

一一　仙台（岩沼）から上野へ（常磐線）

仙台では三年前に静岡県の三保ＹＨで出会ったＯ君と再会した。私と同い年の彼は、出会った時は新潟県の高校生だったが、その後、仙台の大学に入学したのだった。彼は漫画研究会で活躍中という。だが、それ以後、彼と会う機会はなかった。ＹＨでは、しばしばこのような出会いがあり、各地に友達がいて、毎年、全国各地から年賀状が届いたものである。

午前中、仙台駅近くの喫茶店で彼とゆっくり過ごし、昼食に冷やし中華を食べた後、12時36分発の平行「２３４列車」で南に向かう。仙台から岩沼までは長崎までの乗車券の区間外なので、別に乗車券を購入する。

列車は岩沼から東北本線を離れて常磐線に入る。この時、常磐線は、仙台～上野間の長距離輸送を東北本線と共に二分していた。当時の時刻表でこの日、岩沼から常磐線に乗り入れる主な列車を見てみると、青森～上野間を走る列車だけでも、寝台特急「ゆうづる」七本、夜行急行「十和田」四本、昼行特急「みちのく」一本が走り、そのほか盛岡からの急行「もりおか」二本と、仙台からの特急「ひたち」と急行「そうま」が各一本と、昼夜共に優等列車が数多く運転される大動脈だったのである。

だが、東北新幹線の開通と共に優等列車の本数が削減され、さらに、いつしか常磐線を走る夜行列車はすべて姿を消してしまった。

それでも、二〇一一（平成二三）年三月一一日の、あの忌まわしい東日本大震災までは、仙台～上野間に特急「スーパーひたち」が一日四往復運転されていたほか、多くの貨物列車も走っており、幹線の面目を保っていた。

だが、地震と、それに伴う大津波の影響で、亘理《わたり》～相馬間の海沿いの線路の多くが流失。それに加えて、福島第一原子力発電所の放射能漏れ事故の影響により、亘理～久ノ浜《ひさのはま》間一一〇・六キロが長期にわたって不通となった。順次、復旧しつつあるものの、福島第一原発に近い浪江《なみえ》～富岡間二〇・八キロは、震災から七年以上が過ぎた今も不通のままである。特に放射能濃度が高く帰還困難区域に指定されている大熊町や双葉町の大部分の地域では、未だに住民の立ち入りさえも規制されている。だが、常磐自動車道と国道6号線は通過のみなら通行を許可されており、常磐線も二〇一九（平成三一）年度中に全線が復旧する見込である。だが、避難指示が解除された地域でも、住民の帰還は進んでおらず、復興への前途は多難である。

岩沼を発車したED75に引かれた「234列車」は、のんびりと南に向かっていた。ほどなく阿武隈川橋梁を渡り、逢隈《おおくま》信号場を通過。現在、ここは逢隈駅となっている。

亘理を過ぎ、あたりはブドウやイチゴの果樹園が目立つ。浜吉田、山下、坂元と、広大な田園地帯が続く。左手の遠くに海岸縁に松林が見え、その向こうに太平洋が広がっている。新地からは福島県に入る。このあたりの駅からは海水浴帰りの家族連れも乗って来る。富と幸をもたらせてくれていたはずのこの海に、それから三五年後に想像を絶する大津波が起き、この美しい田園地帯も町も駅も線路も、そして、人々の暮らしもすべて流失させてしまうことになろうとは、その時は誰も知る由もない。

新地《しんち》駅に震災二か月後に取材に訪れたことがある。楽しげな若者たちや家族連れで賑わっていたあの駅は、崩れかけた跨線橋とホームだけが残り、線路は飴のように曲がっていた。あたりに人の気配はなく、海から吹く風がガタンガタンと瓦礫を揺らしていた。だが、駅前に立つ津波に耐えた一本の木から緑の若葉を芽吹かせようとしていた。

新地付近を含む浜吉田～駒ケ嶺《こまがみね》間は震災から5年半後の二〇一六（平成二八）年に線路を内陸部

に移動して運転を再開した。まだまだ、復興途上だが、一刻も早く全線が復旧し、人々の笑顔を乗せて走る列車が、運転を再開できるように、心から願っている。

さて、話を客車鈍行の旅に戻そう。列車は13時52分、相馬に着いた。相馬は野馬追《のまおい》の祭りが有名だ。昨夜、泊まったおんないYHで、私は初めてこの祭りのことを知った。平将門を起源とする東北最古の祭りとされており、勇壮な戦国騎馬が大地を駆け巡る伝統的な神事である。毎年七月二三〜二五日まで行われていた（現在は日程がやや異なる）のだが、この日は、七月三〇日。いつか、必ず、見に行きたいと思いつつ、未だに実現していない。相馬では一三分間停車し、その間に、この駅始発の上野行の急行「ときわ9号」が先に発車して行った。

次の日立木《にったき》でも六分停車したので、入場券を買いに走る。だが、新発田駅での失敗以来、停車時間の短い駅では買いに走るのを自粛しているし、封筒作戦も北海道の時のように、全駅を集めるような無理はしないことにした。そのため、ゆったりとした汽車旅が楽しめる。原ノ町でも七分間停車。この駅で下り急行「もりおか51号」と同時に発車する。

原ノ町を過ぎ、磐城太田、小高と、小さな湖沼が点在する湿地帯を通り、列車は順調に南下を続ける。いくつかの短いトンネルを抜け、桃内《ももうち》を過ぎると、浪江、双葉、大野と、原子力発電所の近くの駅を通る。だが、この時は、三五年後に起きる大災害を知る由もなく、のどかな田舎の風景が車窓に広がるばかりだった。

夜ノ森《よのもり》は緑に包まれた駅である。駅構内には桜の木やツツジがたくさん植えられており、春になるとさぞ、美しいことだろう。夏の今は、桜の木にとまって鳴くアブラゼミが賑やかだ。きょうは、これまでの猛暑より比較的過ごしやすい一日で、発車すると、窓からの風が心地よい。

車窓からは牧場が見え、牛たちがのんびりと草を食んでいる。富岡でも五分停車、あくまでのんびりと、マイペースの走りっぷりである。

久ノ浜を過ぎると、間近に海が見える。なだらかな地形に、穏やかな青い海が見える。太平洋に沿って走るイメージの強い常磐線だが、意外なことに車窓の間近に海の見える区間はそんなに多くない。

四ツ倉、草野を過ぎ、これまでより街の中に入って来た気配を感じると、列車は16時26分、終点の平《たいら》（現・いわき）に着いた。平は、福島県浜通り地方の中心地。かつて常磐炭鉱で栄え、常磐線はこの炭鉱から産出される石炭輸送のために敷設を急がれたのであった。

次の列車は、平から三七分後に発車する上野行き「426列車」である。時間があるので窓口に行くと硬券入場券はなく、券売機で買って欲しいと言われ、がっかりする。この時期、すでに主要駅では、もう硬券切符を売らない駅もあったのである。

この間に特急「ひたち7号」のほか、普通電車が二本先に発車するが、私は見向きもしない。ちなみに、平から特急に乗り換えると、上野には二時間半も早く着く。すでに平以南の常磐線の普通列車の大半は電車による運行だったが、一日に三往復だけ客車列車が残っていた。

17時03分、列車は甲高いホイッスルを響かせながら、ゆっくりと平を発車した。夏休みのクラブ帰りの高校生などかなりの乗客数である。発車してしばらく並行した非電化の磐越東線の線路が右手に去って行く。

二駅目の湯本で、早速、五分停車して、後発の特急「ひたち8号」に道を譲る。湯本には常磐ハワイアンセンター（現・スパリゾートハワイアンズ）がある。石炭産業が斜陽化し始めた一九六六（昭和四一）年に、炭鉱会社が始めた常夏のリゾート施設である。まだ、国内にリゾート施設が全くなかったこの持代から、先の震災をも乗り越えて、五〇年近くも続いているのは、驚くべきことである。だが、ハワイアンセンター帰りの客は、旧式の客車鈍行には見向きもせずに、特急列車に乗り込んでいく。

泉、植田、勿来《なこそ》と、工場と民家と田んぼが交互に見える風景が続く。列車は茨城県に入り、北海道から始まった旅もようやく、関東地方に入った。岡倉天心の六角堂がある大津港を過ぎると、国道を挟んで左手に再び、太平洋が見えてきた。やがて、大北川の河口付近で川と並行すると磯原《いそはら》に着く。海に近い川の対岸には地元の旅館の看板が並んでいる。

18時05分、高萩《たかはぎ》に着いた。右手に、どっりしりと貫禄のある駅舎がある。平から乗った高校生たちは、このあたりでほとんどいなくなった。

列車がひた走る周囲が、だんだんと薄暗くなってきた。セメント工場を近くに見ると日立に着く。日立市は茨城県北部の鉱工業都市で、日立製作所の企業城下町のような性格の街だ。この時、日立のシンボルと言われた大煙突は確認できなかった。日立駅到着直前に右手の山の上にあった高さ一五五・七メートルの大煙突で、一九一五（大正四）年に建造された世界一の大煙突であった。この巨大な煙突のおかげで周辺地域への煙害が大幅に緩和されたという。だが、日立の鉱山は一九八一（昭和五六）年に閉山となり、それから一二年後の一九九三（平成五）年に大煙突は、突然倒壊してしまった。その後、三分の一の高さにまで修復され、現在はリサイクル工場の水蒸気を排出しているという。

日立を発車してしばらくすると、左手の国道沿いに小さな駅が見えた。これが、日立電鉄の終点、鮎川である。日立電鉄は茨城県にたくさんあった小私鉄のひとつで、鮎川から常磐線の大甕《おおみか》を経て、水郡線の常陸太田駅に隣接する常北太田までの一八・一キロを結んでいた。日立製作所の工場従業員と沿線の通学客が主な利用者だったが、利用者の減少により、二〇〇五（平成一七）年に、その歴史を閉じている。

日立多賀で、急行「もりおか2号」に抜かれ、大甕では右側のホームにオレンジとクリーム色のツートンカラーの小さな古い電車が停車していた。これが、日立電鉄の車両である。当時、大甕がこの私鉄の中心駅で、すべての電車がこの駅で交換し、乗客もほとんどがこの駅で入れ替わっていた。

久慈川を渡り、東海を過ぎたころには、あたりは完全に真っ暗になった。茨城交通湊線（現・ひたちなか海浜鉄道）の乗り場を左に見る勝田を過ぎると、19時09分、列車は茨城県の県都・水戸に着く。

水戸で多くの客が入れ替わり、発車は19時21分。水戸を発車するとすぐ右手に偕楽園が見えるはずだが、列車は闇の中を走るばかり。車内は仕事帰りの通勤客の姿が目立つが、立ち客がいるほどではない。赤塚、内原、友部と徐々に客が降りて行く。友部からは水戸線が分岐する。この時点では水戸線にも客車列車が走っていたが、今回のルートには入っていない。

列車は快調に上野を目指す。もし、今だったら、このあたりでビールでも飲みたいところだが、当時二十歳を過ぎていても、そんな無駄なお金は使わない。

羽鳥で停車中、客車列車に抜かれた。これは、今朝、青森を発車した上野行の臨時急行「十和田51号」である。急行であっても、ドアは開けっ放しで、トイレ垂れ流しの旧型客車だった。

石岡では鉾田行の関東鉄道鉾田線に接続する。古びたホームに気動車がポツンと発車を待っていた。この線は、石岡～鉾田《ほこた》間二七・二キロを結んでいたが、その後、関東鉄道から鹿島鉄道に分離した後、二〇〇七（平成一九）年に廃止されている。

土浦到着は20時26分。右側の駅舎寄りのホームに停車中の関東鉄道筑波線の気動車が見える。土浦〜岩瀬間四〇・一キロのこの線も、筑波鉄道に分離した後、一九八七（昭和六二）年に廃止された。このように、茨城県の小私鉄は次々と姿を消してしまったが、佐貫から接続する関東鉄道竜ケ崎線と、取手からの常総線は、今も健在である。

佐貫で今度は急行「ときわ10号」を先に通す。いったい、きょうは何本の列車に抜かれたのだろう。列車は取手を過ぎ、利根川を渡ると千葉県に入る。21時14分に我孫子《あびこ》を発車すると、列車は、にわかに軽快に走り始めた。北柏、柏、南柏、北小金と、国電の駅を次々と通過する。営団地下鉄千代田線が北千住から取手まで常磐緩行線に相互乗り入れを開始したのは一九七一（昭和四六）年のこと。常磐緩行線や営団地下鉄の電車を次々に抜かして行く。これまで抜かれてばかりいた鈍行列車が、ここへ来て猛烈なスピードで国電の駅を通過して行くのは痛快である。これまでの鬱憤を晴らすかのように列車は爆走する。松戸に停車した後、江戸川の鉄橋を渡ると、いよいよ東京都に入る。開け放った窓から都会のネオンがどんどん後ろに去って行く。走れ、走れ、鈍行列車！　どこまでも突っ走れ！

金町、北千住、南千住、三河島と下町の駅を通過し、左手から東北本線が合流すると日暮里に着く。常磐線はここまでだが、列車はそのまま上野まで行く。私の乗車券は、日暮里から北上して大宮まで東北本線をたどる経路になっているので、日暮里から先は乗り越しである。左手に見える鶯谷《うぐいすだに》付近の妖艶なネオンの光は、昔も今も変わっていない。

やがて、列車は速度を落とし、ゆっくりと上野駅頭端ホームの18番線に入線した。時刻は定刻の21時50分。遠路はるばる、福島県の平からやって来た長距離列車の風格が漂っているように見えた。都会の近距離区間をチマチマと走っている国電とは格が違うぜ！　とでも言いたげな、そんな貫録があった。

平日の夜の上野駅に、鈍行列車から降りた客はごくわずか。両手に鞄を下げた車掌氏が、疲れた表情で列車を牽引してきた交直両用電気機関車のＥＦ80の脇を歩いている。頭端式の古びたホームに客車列車が良く似合う。ようやくやって来た大都会東京、私の旅はまだまだ続く。

仙台　12時36分（２３４列車）16時26分　平　ＥＤ75１０３４　スハ43２２３２
平　17時03分（４２６列車）21時50分　上野　ＥＦ80１３　スハ35３２６２

一二　上野から、高崎経由軽井沢へ（東北本線・高崎線・信越本線）

東京では、渋谷区にある親戚の家に二泊した。近くの新宿御苑で盛んにミンミンゼミが鳴いていた。この家には、この時だけでなく、何度も東京における旅の宿にさせていただいた。今にして思えば、小汚い格好の貧乏学生が居候して、さぞ迷惑だったことだろう。だが、いつも快く荷を解かせてもらった。今は亡き伯父と伯母に感謝である。

翌日は、父の転勤で、一時、杉並区の小学校に通っていた時、隣の席だった同級生の女性と再会し、旧交を暖めた。彼女と、当時、上京する度に連絡を取り合っており、今でも年賀状の交換が続いている。

東京に二泊して英気を養った私は、上野駅から汽車旅を再開した。稚内から長崎への乗車券は常磐線から日暮里経由大宮、高崎線方面になっているので、日暮里までは別途乗車券を買う。

　上野駅の改札口上には、列車名と行先、発車時刻、発着番線の書かれた手書きの案内札がずらりと並んでいた。当時の上野駅は、東北・常磐・上信越方面への長距離列車が頻繁に発着する一大ターミナルで、赤帽や駅弁売りが行き交い、東北各地の訛りが聞こえてくる独特の雰囲気に包まれていた。長距離列車の合間を縫って近距離電車が次々と発車し、正に大都会の喧騒の駅であった。

　新たな旅立ちは、上野発10時52分発の高崎行「２３２５列車」である。５番ホームで発車を待つ列車には大勢の乗客の姿があった。当時、高崎線に向かう普通列車のうち、客車列車はこの列車を含めて一日に二本しかない。この時の主力車両だった緑とオレンジのツートンカラーの１１５系電車と比べ、その古びた車体は異彩を放っていた。だが、飾り気のないその佇まいは、しっとりとした落ち着きが感じられた。

「ピーッ～」という甲高いホイッスルの合図と共に、列車はおもむろに上野を発車した。赤羽を過ぎると、荒川の鉄橋を渡って埼玉県に入る。川口から列車は、川口、西川口、蕨と並走する京浜東北線の線路脇を次々と通過し、青い国電を抜かして行く。これでも鈍行列車かと思わせる猛烈なスピードで突っ走る。高性能の電車や、特急・急行列車が頻繁に走る同じ線路の上を走るので、客車鈍行といえどもローカル線のようにのんびりと走るわけにはいかないのである。列車は、県都の浦和さえも停まらない。生暖かい風が窓から入って来る。同じ窓からの風でも、都会の風は、もわっと蒸し暑いような気がする。

大宮で東北本線から高崎線へと列車は進む。車内の座席はすべて埋まっており、立ち客もいる。赤字国鉄において、高崎線は数少ない黒字路線だった。当時、この沿線は東京のベッドタウンとして急速に宅地開発が進んでいたのである。

けれども、国鉄は、急増する沿線人口に対応できていなかった。列車本数はまだまだ少なく、ラッシュ時には、殺人的な混雑による遅延が常態化していた。それに加えて、国鉄の労使間紛争による、労働組合の順法闘争のために、遅れにさらに拍車をかけていたのである。そんな状態が続き、乗客の怒りが爆発したのが、一九七三（昭和四八）年三月に起きた上尾事件である。この時、大幅な遅延した列車に上尾駅で乗りきれず、ホームにあふれた数千人の通勤客が暴徒と化した。そして、立ち往生した電車や駅を占拠し、線路に降りて投石を繰り返して破壊の限りを尽くしたのである。元来おとなしいはずの、日本のサラリーマンがここまで怒るのは珍しい。暴動は好ましいことではないが、いかに当時のラッシュが凄まじく、また、国鉄末期の労使関係が腐敗しきっていたかを表す事件として、強く印象に残っている。

そんな上尾には11時29分に着いた。だが、三年前に起きたそんな事件の形跡は、何も残っていなかった。

やがて、満員の車内をかき分けるように白衣を来た男が段ボール箱を持ってアイスクリームを売りに来た。蒸し風呂のような車内なので、飛ぶように売れる。だが、鈍行列車で車内販売など聞いたことがないし、その男は販売員の制服も着ておらず、どうも様子が怪しい。車掌の姿を見つけると、そそくさと洗面所に隠れる。どうやら、ヤミ営業らしい。このアイスクリーム売りは、別の機会に高崎線に乗った時にも出没したので、当時、このあたりで暗躍していたようだ。だが、私は、いくら暑くてもそんな男から買う気もないし、そんなお金はもったいない。

列車は桶川で五分停車し、青森行の特急「いなほ1号」を先に通す。この列車は、高崎線、上越線、信越本線、羽越本線、奥羽本線と、廃止前の寝台特急「あけぼの」と同じ経路を、昼間に走って青森に向かう特急列車である。ちなみに、当時の「あけぼの」は東北本線を通り、福島から奥羽本線で青森に向かっていた。

北本、鴻巣《こうのす》、吹上と、順調に北上を続ける。沿線には新興住宅が並んでいるが、北に進むに従って空地や田んぼが増えてきた。

熊谷到着は12時05分である。今では熊谷は真夏の気温が四〇度を超えることもあり、暑さ日本一を競っているが、当時から暑さは相当のものであった。なにしろ、列車は満員で、しかも今のように車内に空調はなく、ＪＮＲマークが真ん中に付けられた古びた扇風機が、蒸し暑い空気をかき混ぜているだけだったのだから。

籠原《かごはら》では一五分停車して、急行「草津3号」万座《まんざ》・鹿沢口《かざわぐち》行を先に通す。深谷は、今では東京駅を模した煉瓦風の駅舎になっているが、この時は、まだ、オーソドックスな木造駅舎だった。岡部、本庄と進むに従って、徐々に乗客が少なくなる。

そんな時、たたたま同じ席にいた若いサラリーマン氏と言葉を交わした。私が鈍行列車で日本縦断の旅の途上で、稚内から長崎に向かう途中であることや、貧乏旅行に徹していることなどを話した。すると、彼はとても感心し、「そんな旅ができて羨ましく思う。自分は仕事で高崎に行くところだが、高崎に着いたら昼食をご馳走しよう」との嬉しいお誘いを受けたのだった。

列車はさらに関東平野を快走し、車窓には緑の田園地帯が広がっている。やがて、左手に並行して八高線の北藤岡駅が見え、倉賀野で八高線と合流。終着の高崎には13時15分に着いた。

高崎駅の長いホームには、洗面台があった。蒸気機関車時代の乗客は、ここで顔を洗ったことだろう。歴史を感じさせてくれる堂々とした駅舎が迎えてくれる。高崎は、高崎線のほか、上越線、信越本線、両毛線、八高線、吾妻線の列車が行き交う北関東随一のターミナルで、上信電鉄の電車もこの駅の西側から発車する。高崎ではサラリーマン氏に、とんかつライスとコーヒーをご馳走になった。合わせて九五〇円。当時のユースホステルの宿泊料金と同額の贅沢をさせていただき、恐縮してしまう。ただありがたく、ひたすら感謝の気持ちでいっぱいであった。別れ際に名刺をもらった。その人の名は柏瀬さんといった。今はどうされているのだろうか。

彼と別れた後、あらためて高崎駅の駅舎を眺めた。この駅舎は一九一七（大正六）年に竣工した三代目駅舎で、どっしりとした茶色い瓦屋根が印象的な、木造二階建ての堂々とした建物である。正面から見ると、三面の左右対称の妻面の上に三つの三角屋根が乗っかり、まん中には大時計が設置されていた。いかにも交通の要衝として、長年君臨し続けたターミナル駅の風格があり、古い客車列車が実に良く似合う駅だった。だが、この駅舎は上越新幹線の工事に伴い、一九八〇（昭和五五）年に解体され、機能的な新幹線駅に生まれ変わった。現在では、その面影すら見ることはできないのは、誠に残念である。

さて、今度の列車は15時48分発の信越本線・直江津行「325列車」である。高崎を発車した列車は、すぐに上越線を右に分け、前方に迫る険しい山々に向かって走り始めた。高崎は達磨の街として知られている。北高崎を過ぎ、烏川の鉄橋を渡ると、群馬八幡《ぐんまやわた》にかけて達磨工場が点在し、窓から作りかけの達磨が見える。近くには、だるま市で有名な達磨寺がある。

安中《あんなか》では、左手の山の中腹に東邦亜鉛の安中製錬所があり、亜鉛運搬のための貨車が並んでいる。高崎から乗った客が大勢降りた。安中を過ぎると、徐々に山に近づいてきたことを実感する。猛暑の東京を出て、ようやく涼しい高原が近づいてきた。

磯部《いそべ》駅の木造の跨線橋は旅情を誘う。古い旧型客車が実によく似合っている。近くにある磯部温泉は、温泉記号〝♨〟の発祥の地として知られている。また、磯部駅前には恐妻碑なる石碑がある。

これは、元NHK会長で群馬県出身の阿部眞之助氏の筆によるもので、「恐妻とは愛妻のいわれなり」との文字が添えられている。いかに上州の女が強いかを物語る。

山に近づくに従って、車内の乗客が少なくなってきた。通過する西松井田駅の背後に荒々しい山並みが見えてきた。これが、妙義山である。この尖った山容は思わず目を見張る。やがて、にわかに空が薄暗くなってきた。霞のかかった妙義山が幻想的だ。遠くで雷の音がする。

横川には16時30分に着いた。この山間の小駅には、上下線ともすべての列車が停車する。それは、碓氷《うすい》峠の六六・七パーミルの急坂に挑むため、列車の後方に、この峠専用のEF63形という強力な電気機関車を連結するためである。

この停車時間を利用して、ホームでは駅弁の「峠の釜めし」の立ち売り人たちが並んでいる。特急や急行列車だけでなく、普通列車にも弁当屋さんが立つのが嬉しい。「べんと〜、べんと〜、釜めし〜」と売り子の声が山の駅に響く。

その間に列車の後方にEF63が二両連結された。高崎から牽引してきたEF62を先頭に、客車六両を挟んで後方にEF63が二両という編成である。横川から軽井沢へと向かう列車は、こうしてプッシュプル方式で峠を越えて行くのである。

やがて、碓氷峠に挑む本務機EF62のホイッスルが山峡の駅にこだまし、列車はゆっくりと発車した。ホームでは駅弁屋さんたちが整列し、列車に向かって深々とお辞儀をしている。

碓氷峠を越える鉄道は、一八九三（明治二六）年に官営中山道鐵道として開通した。当時、この急勾配を越えるために、線路にラックと呼ばれるギザギザをつけ、車両下部にある歯車の推進力で坂を上下するアプト式鉄道が採用された。この方式は一九六三（昭和三八）年までの七〇年間続いたが、その後、アプト式を廃止し、新線を建設してＥＦ63を補機に付ける粘着運転方式に変更されたのである。だが、その新線も、一九九七（平成九）年の長野新幹線の開通と同時に廃止された。今回の旅のルートで、横川〜軽井沢間は、二〇一八（平成30）年現在、廃線となった唯一の区間である。

横川を発車してほどなく、右手に古びた煉瓦造りの建物が見える。だが、そこに人の気配はなく、窓ガラスが割れ、正に廃墟そのものであった。これが丸山変電所跡である。この変電所は、この区間が電化された一九一二（明治四五）年から、アプト式が廃止されるまでの間、碓氷峠を通過する電気機関車の電力を支え続けたが、新線に切り替え後、半世紀近くも放置されていたのだ。だが、一九九三（平成五）年に国の重要文化財に指定され、二〇〇二（平成一四）年には修復作業が完了して、今では往年の美しい煉瓦造りの建物が甦った。そして、その横を信越本線の廃線跡を利用してトロッコ列車「シェルパくん」がゆっくりと走る。これは、横川運転区跡地にできた碓氷峠鉄道文化むらの遊戯施設として運転されているもので、横川駅付近から軽井沢方面に二・六キロの区間を週末などに往復している。

列車は驚くほどゆっくりとした速度で、時折、悲しげな汽笛を鳴らしながら碓氷峠を登って行く。窓から入って来る山の空気は、ひんやりと涼しい。東京の暑さが嘘のようだ。鹿や猿でも出てきそうな山の中である。座席に座っていても、急勾配を感じる。もし、列車の床にボールを置いたら、あっという間に一番後ろまで転がってしまうことだろう。いくつかのトンネルを抜け、左手の下方には、赤い煉瓦造りのアーチ橋がチラリと見えた。これはアプト式時代の線路にかかる橋梁である。やがて、列車は熊ノ平信号場を通過する。かつて、信号場となる前は駅であった。この場所で二度の大惨事が発生した。最初は一九一八（大正七）年に、貨物列車の機関車故障により列車が急坂を暴走し、駅構内で脱線転覆して四名の国鉄職員が殉職した。また、一九五〇（昭和二五）年には、熊ノ平駅付近で豪雨による大規模な土砂崩れが二度にわたって発生し、五〇人もの命が奪われた。その後、建立された慰霊碑は熊ノ平にひっそりと建っているが、走行中の列車の窓からは確認はできなかった。

列車は横川を発車してから二二分後の17時34分、ようやく軽井沢に到着した。

それでもアプト式時代の昭和二十年代には、同じ区間を四八分もかかっていたのだから、格段の進歩だったといえる。現在では、新幹線で高崎～軽井沢間が最速一六分で着いてしまうのだから、隔世の感がある。

軽井沢は、今も昔も日本有数の避暑地。当時、リゾートという言葉はまだあまり使われていなかったが、駅周辺は、涼を求めてやって来た都会の人たちであふれていた。駅舎は代表的な保養地の表玄関にふさわしく赤い屋根のモダンな建物が印象的だった。駅構内には、アプト式時代に活躍したＥＣ40形電気機関車が静態保存されている。私は、この時、初めて訪れた軽井沢で、二日間をゆっくり過ごすことにしたのである。

上野　10時52分（２３２５列車）13時15分　高崎　ＥＦ58１２１　ナハ11２０９８

高崎　15時48分（３２５列車）16時52分　軽井沢　ＥＦ62３（ＥＦ63１０＋１２）オハ46２５３８

一三　軽井沢から長野善光寺参りの後、直江津へ（信越本線）

その夜は数井沢友愛山荘というユースホステルに泊まった。二泊するつもりだったが、翌日は満員で断られたので、宿が決まらない。

翌日、ＹＨで知り合った名古屋の男子学生三人組とレンタカーを借りて白糸の滝、浅間牧場、鬼押し出し、照月湖、白根火山と、あちこち動き回った。この時、私はまだ運転免許を取得しておらず、便乗させてもらっただけだったが、なりゆき上、なんとなくそうなった。四人で割って、ひとりあたり二六〇〇円。しかも、その夜は近くのＹＨがすべて満員で断られ、駅で寝る元気もなかったため、二九〇〇円の民宿に泊まることになった。一日あたりの予算が二〇〇〇円しかないのに、高くついた一日であった。

長野新幹線の開業後、軽井沢〜篠ノ井間の信越本線は、第三セクター鉄道の、しなの鉄道に転換されているが、当時はこの区間は特急「あさま」「白山」や、急行「信州」「妙高」「越前」などが走る幹線鉄道であった。

その翌日、軽井沢発10時50分の「321列車」長野行に乗った。軽井沢の別荘地帯を眺めるうちに、右手に浅間山が見えてくる。中軽井沢を過ぎ、カラマツ林を抜け、キャベツ畑の中を走ると、信濃追分に着く。このあたりは一段と雄大な浅間山が良く見える。そんな中を高原列車はのんびりと走る。きょうは朝から曇っているが、空気が爽やかで気持ちがいい。田んぼの中にポツンとある駅、平原《ひらはら》を過ぎるとやがて、小海線の線路と並行する。乙女、東小諸と小海線の小さな無人駅が見えるが、信越本線にはこれらの駅のホームはない。

小海線を分岐する小諸は、文豪・島崎藤村が愛した城下町。この駅で七分間停車した後、右側には小諸城址にある懐古園が見える。園内からは千曲川《ちくまがわ》の流れを見渡すことができ、ここを訪れるといかにも信州に来たという気分になる。

滋野《しげの》あたりから右手の車窓から千曲川が見えてきた。この川はやがて、信濃川と名を変え、新潟県から日本海に流れる日本一長い川である。

田中、大屋《おおや》と、ブドウ畑や田んぼが続く風景の中を、列車は淡々と走る。両側には信州の山々がそびえている。上田は真田氏の城下町。この駅から上田交通（現・上田電鉄）の、丸窓電車の愛称がある小さな電車が、別所温泉との間を結んでいた。

列車はさらに西を目指す。坂城《さかき》付近では、時々、右手に千曲川が姿を現す。このあたりからにわかに雨が降って来た。今回の旅は好天続きだったが、久しぶりの雨である。暑い日が続いたので、涼しくなって気持ちがいい。

戸倉《とぐら》で六分停車し、その間に上野～金沢を結ぶ特急「白山1号」が通過して行く。食堂車も連結されている信越本線の看板列車だが、私にとって、食堂車は高嶺の花であった。今にしてみれば、一度ぐらい特急の食堂車に行ってみればよかったなあと思う。

このあたりはリンゴ園が目立つ。左手の山の中腹にかけて小さな田んぼがある。これが夜になると、それぞれの田んぼの中に月が映ることから田毎の月と呼ばれている。これは、この地域の古くからの棚田地域で、篠ノ井線の姨捨付近の田毎の月は今では観光名所になっている。

屋代の北側にあるホームには、長野電鉄河東《かとう》線の電車が停まっている。古びた木造の屋根のあるホームは、なんとも言えない風情をかもし出している。河東線の一部、屋代《やしろ》～須坂《すざか》間二四・四キロは二〇一二（平成二四）年に廃止され、今はホーム跡がひっそりと残るばかりである。だが、この時には屋代から河東線に乗り入れ、湯田中まで行く上野発の急行「志賀」が二往復も運転されていた。

屋代を発車すると、千曲川を渡り、篠ノ井《しののい》で篠ノ井線と出会う。塩尻《しおじり》と篠ノ井を結ぶ篠ノ井線は、長野と松本の長野県の二大都市を結ぶだけでなく、名古屋や大阪からの特急「しなの」、急行「きそ」

「つがいけ」「赤倉」などが走る大動脈である。

古戦場で有名な川中島を過ぎると、12時53分に県都の長野に着いた。長野駅は善光寺を模ったどっしりとした構えの寺院づくりの建物である。いかにも門前町の表玄関といった風格がある。雨の中、しっとりとした味わい深い名駅舎だった。

だが、新幹線の開業に伴い、今ではこの駅舎は跡形もなく、さらに金沢までの北陸新幹線の開業を前に大規模な改修が行われた。高崎や軽井沢にしても同じことだが、どうして新幹線が開通すると歴史と風格のある名駅舎を壊して、無機質な新幹線駅に建て直してしまうのかと思う。それが、私が新幹線をあまり好きになれない理由のひとつである。

当時は国鉄長野駅の向側にあった地上駅の長野電鉄・長野駅も健在であった。現在は地下駅になっているが、まるで小屋のような小さな木造駅舎だった。

私は、その長野電鉄長野駅で、日本一大きいといわれている巨大な入場券を買った。そして、赤とクリーム色のツートンカラーのモーターが唸る電車（吊り掛け電車）に乗り、善光寺下で下車して、善光寺に詣でたのであった。

善光寺の参道には土産物屋が建ち並び、雨にもかかわらず、大勢の善男善女で賑わっていた。このお寺は、創建以来千四百年と言われる信州随一の古刹で、ご本尊の一光三尊阿弥陀如来は、日本最古の仏像という。

やがて、雨がやんだ。境内には無数の鳩たちが豆をついばんでいた。

善光寺詣の後、夜の列車で直江津《なおえつ》まで、さらに翌日は北陸本線を西に向かう。ここから先、長野から直江津までの信越本線と、直江津から金沢までの北陸本線は、二〇一五（平成二七）年春の北陸新幹線の長野〜金沢間延伸により、四つの第三セクター鉄道に分割移管された。長野〜妙高高原間は、新幹線長野開業時に軽井沢〜篠ノ井間を引き継いだ「しなの鉄道」、妙高高原〜直江津〜市振《いちぶり》間は「えちごトキめき鉄道」、市振〜倶利伽羅《くりから》間は、「あいの風とやま鉄道」、そして倶利伽羅〜金沢間は「ＩＲいしかわ鉄道」によってそれぞれ運行されている。新規に開業する新幹線の並行在来線は、一九九〇（平成二）年からの政府方針で、原則としてＪＲから分離した第三セクター鉄道に移管されることになった。三セク化は、運賃が割高になる場合が多く、また、新幹線が停車しない町は不便になるし、地元にとって、新幹線開業は、必ずしもいいことばかりではない。

次の列車は長野発19時31分の直江津行「３２５列車」。二日前に高崎から軽井沢まで乗った同じ列車である。少数の仕事帰りの通勤客が乗ったものの、車内は空いている。同じボックスに座った会社帰りの若いＯＬ風の美女と言葉を交わした。北海道から来て、これから九州まで行くという私の話を興味深く聞いてくれ、少なからず驚いている。私のひとり旅では、一期一会の出会いが多いが、清楚な美女にうっとりとする。お互いに名前も名乗らず別れてしまったことが惜しまれる。

長野を発車すると、次の北長野で早速八分間停車し、後発の特急「あさま5号」に道を譲る。その間に入場券を買いに行くのはいつもの恒例行事。新発田駅でのアクシデント以降、何が何でも集めるという姿勢はやめにして、余裕のある場合だけにしているが、特急や急行に何度も抜かれる幹線は、入場券を集めるには誠に都合がよい。それに、封筒と切手、小銭はまだまだたくさん用意してあるし、車内は混雑していないので、封筒作戦を実行するには最適である。三才《さんさい》、豊野、牟礼《むれ》と封筒作戦が続く。今は多くの駅が無人化され、また有人駅であっても夜8時以降は無人になる駅が多いが、当時は大半の駅が有人駅で、しかも始発から終発まで、客がいなくても窓口が開いていたのである。合理性とは無縁の、採算性をまったく無視して赤字を増大させていたのだが、その恩恵を最も享受したのは私だったかもしれない。

「カタコトッ、コトン、カタコトッ、コトン……」闇夜に列車の進行音だけが響く。時折、踏切の警報音が聞こえては去って行く。信濃と越後の国境に向かう坂道を、列車はゆっくりと登る。デッキのドアは開けっ放し。車内の白熱電燈のまわりに夏の虫が飛んでいる。老人がひとり、煙草の火をくゆらせている。

黒姫を過ぎ、長野県から新潟県に入った最初の駅が妙高高原である。思えば、羽越本線で山形県から新潟県に入ったのは何日前だったろうか。あれから福島県、宮城県、再び、福島県、茨城県、千葉県、東京都、埼玉県、群馬県、長野県を通り、今、また、新潟県に入ったのである。新潟県の面積の大きさ（全国五位）は驚くばかりだ。

妙高高原を過ぎると、列車は軽快に下り坂を走り始める。だが、途中駅の関山と二本木《にほんぎ》は二駅続いてのスイッチバック駅なので、最徐行となる。夜の山中の駅を、薄暗い電燈に照らされた古びた列車が行ったり来たりするさまは、なんとも言い難い旅の情景である。二本木駅のホームの屋根の、がっしりとした太い柱が印象に残っている。それは、冬季の積雪量がいかに多いかを物語る。

列車は闇の中を快走し続けた。脇野田《わきのだ》駅が北陸新幹線の開業によりそれまでより西側に移転して、駅名も上越妙高駅に変更されるとは、この時は知る由もない。高田、春日山《かすがやま》を過ぎ、終着の直江津には21時29分に着いた。

昨日、お金を使い過ぎたので、今夜は駅の待合室で一夜を明かすことにする。夜汽車が夜中に何本も停車する直江津なら、待合室が閉まることはない。

軽井沢　10時50分（321列車）12時53分　長野　EF62 29　ナハ41 12059
長野　19時31分（325列車）21時29分　直江津　EF62 46　オハ46 2538

一四　直江津から福井へ（北陸本線）

深夜の直江津駅の待合室の居心地は、決していいものではなかった。網走駅のように締め出されることはなかったが、次々と真夜中に夜行列車が発着し、一晩中、乗降客で騒がしかったからである。当時、直江津では寝台特急の「日本海」「つるぎ」「北陸」、急行「越前」「能登」「きたぐに」などの、各地へ向かう夜行列車が次々と発着し、一晩中眠らない駅であった。そんな駅の待合室のベンチで寝袋を広げて横になったが、人々のざわめきや案内放送でとても眠れるという状況ではなかった。そんな待合室のベンチで横になることに、引け目も感じた。

直江津は、信越本線と北陸本線が接する要衝で、関西や北陸から青森を結ぶ日本海縦貫線の中枢駅のひとつと言ってもよかった。駅舎は、青い鋭角のトタン屋根の堂々たる姿で、中枢駅の貫禄に満ちていた。このような旅情溢れる駅舎に出会うのが旅の楽しみのひとつだった。だが、今は貫禄のあったこの駅舎も取り壊されて跡形もない。

寝ぼけ眼で乗った列車は6時58分発の米原行「522列車」である。この列車は、長岡を早朝4時40分に発車した長距離列車で、この日の直江津からの上り一番列車だった。この列車の直江津到着は6時27分。この駅で三一分間も停車する。

待合室にいつまでいても仕方がないので、早速ホームに入った。ここまで乗ってきたほとんどの乗客が直江津で降車し、車内はガラガラである。

そんなホームでも弁当の立ち売り人が「べんと〜、カニずし〜」と声を張り上げている。ちょっと食指が動いたものの、我慢する。この旅の朝食代の予算は百円以内。だいたい、五〇円ぐらいの菓子パン一個に牛乳一本と決まっていた。YHの朝食代すら、もったいなくて頼まなかったほどである。

発車時刻が近づくと半分ぐらいの席が埋まり、列車はおもむろに直江津を発車した。客車列車が発車する時、最初は機関車からの振動が客車に伝わり、ゆっくりゆっくりとホームを離れていく。徐々に加速度がついて速度を上げるのは駅構内を過ぎてからだ。そんな走りっぷりは、ちょうど、汽船が出航する時、ゆっくりゆっくりと岸壁を離れるのに似ている。

さあ、ここからはいよいよ、北陸本線である。稚内から始まったこの長い旅も、いよいよ今日中には西日本に入るのだ。今日では、北陸新幹線が金沢まで開通し、北陸本線は三つの第三セクター鉄道に分断されてしまったが、その当時は、そんなことを知る由もない。

直江津を発車すると、ほどなく、昨夜通って来た信越本線が左手に去って行く。後方には信濃の国境につながる山々が見える。

長いトンネルを抜けると、最初の駅、谷浜に着く。すぐに近くに海水浴場が見えるが、まだ朝が早いので、この駅で降りて海に出かける人はいない。ここからは、しばらく日本海を眺めながら走る。日本海が見えるのは羽越本線以来だが、この先、北陸本線、小浜線、舞鶴線、山陰本線とまっすぐに西を目指すので、当分は日本海に沿って走ることになる。

有間川《ありまがわ》を過ぎると、すぐに再び長いトンネルに入った。このあたりは、鉄道開業には海に沿って線路が敷設されていたが、一九六九（昭和四四）年の複線電化完成時に多くの区間が山側のトンネル区間に移設した。トンネルの出口付近では、時折、旧線跡が見えることもある。そのトンネルを抜けると名立《なだち》。トンネルとトンネルの間の谷間にこの駅がある。発車すると、またすぐに長さ一万一三五三メートルの頸城《くびき》トンネルに入る。長い闇の中を走り、このトンネルの中にある駅が筒石《つついし》だ。地上にある駅舎との高低差は四〇メートル余りあり、駅舎まで行くには、三〇〇段近い階段を登らなければならない。今でいう、バリアフリーにはまったく無縁の駅である。これでは、仮に停車時間が長かったとしても入場券を買いに行けない。

長いトンネルを出て、能生《のう》に着くが、この駅を発車すると、またしてもトンネルが続く。そんな地下鉄のような区間を抜けたのが浦本である。日本海が右手に見え隠れするうちに、梶屋敷《かじやしき》を過ぎる。しばらくして、民家が多くなってくれば、糸魚川《いといがわ》に着く。時刻は8時48分。ここでも一五分間停車する。

糸魚川を発車すると、すぐにこの駅から分岐する大糸線を左に分け、姫川の鉄橋を渡る。大糸線は、この姫川に沿って平岩、南小谷《みなみおたり》と続く風光明媚な路線である。

列車は、石灰石鉱山からのセメント輸送車が留置されている青海を過ぎ、親不知《おやしらず》へと向かう。親不知は古来より交通の難所として知られる、北陸道最大の隘路で、断崖絶壁と荒波が旅人の行く手を阻み、波打ち際を駆け抜ける際に親と子はお互いを顧みる余裕がなかったことから「親知らず子知らず」と呼ばれるようになったという。そんな難所も北陸本線の開通とともに解消されたが、悪天候時にはしばしば列車が運行できなくなる難所には違いなかった。そこで、このあたりもトンネルによる新線に線路が付け替えられたのである。それでも、この駅からはわずかにその断崖絶壁の海を眺めることができた。現在では前に北陸自動車道が立ちはだかり、車窓から海を見ることはできない。

市振を過ぎ、越中宮崎から富山県に入った。越中と聞くとだんだん西に来たことを実感する。あたりは砂浜に松林の海岸が続く。真夏の太陽が眩しく照りつけている。時折、右手に日本海が見える。列車はリズミカルな振動を発しながら、順調に走り続ける。田んぼの向こうに、青い海が広がっている。昨夜は駅の待合室で過ごしたので、眠気を催してきた。よく飽きもせずに何日も列車に揺られているものだと思う。それでも、泊《とまり》、入善《にゅうぜん》と封筒作戦は続けている。家に帰ってゆっくりと寝ていた方がどんなに楽かと思う。それでも、私の旅は続く。そこに線路がある限り……。

やがて、西入善を過ぎ、黒部川を渡る。左手には中部山岳国立公園を形成する飛騨山脈の山々が見える。富山地方鉄道立山線の線路の下をくぐると、黒部に着く。この地方私鉄は富山から、立山、宇奈月《うなづき》温泉などを結んでいる。

黒部を発車すると、左手から近づいてきた富山地鉄の線路と並行する。魚津《うおづ》では、隣に富山地鉄の新魚津駅があり、ちょうど、グレーの電鉄富山行きの電車が入線してきた。魚津の発車は同時で、しばらく競争するように並走したが、この競争は、すぐに勝負がついた。地鉄電車がすぐに次の電鉄魚津で停車したため、わが鈍行列車は先に走り去ったのだ。その後も絡まり合うように富山地鉄の線路と並行する。駅の数が地鉄の方が多いので、鈍行であっても、国鉄の方が速いのは当然だ。滑川《なめりかわ》でも地鉄と乗り換えることができる。滑川を発車し、地鉄の中滑川駅を左に見ると、やがて地鉄の線路は左手に分かれていくのだった。

列車は水橋《みずはし》、東富山と、富山平野の緑の田園地帯を走る。向かい側に座った老婦人が話す富山弁がまるで理解できない。聞き取れるのは「～そいぐぁ～」とか「～ちゃあ……」との語尾ばかりだ。

やがて、左手に立山連峰を眺めながら、県都の富山にゆっくりと到着した。時刻は9時40分。右手に富山港線の旧型電車が見える。長距離を走る鈍行列車は、主要駅に到着する時、ほかの小さな駅とは違い、それまでの鉄路の旅をかみしめるかのように、ゆったりとした面持ちで、大きな駅のホームに入っていく。

富山では一五分間停車するが、一二〇〇円もする駅弁、「ますの寿司」には目もくれない。北陸ではどの町で荷を解こうかと考えたが、富山や金沢には、以前にも降りたことがあったので、今回はまだ降りたことのない福井まで行くことにする。

富山を発車すると、すぐに神通川《じんずう》を渡り、左手に高山本線の単線非電化の線路を分岐する。そして、再び、田園地帯を走る。県都のターミナル駅を発車しても、ものの五分も走らないうちに田んぼのまん中を走るのは、地方都市ではどこも同じだ。中心駅から、どのぐらい市街地が続くかで、その都市の規模がわかると思う。

呉羽《くれは》を過ぎると、周辺の田園地帯に散居村《さんきょそん》と呼ばれる、この地方特有の家々が目につくようになる。これは、屋敷の周りに背の高い木々が取り囲んでいる集落のことをいう。この地方の厳しい冬の風雪と夏の暑さを防ぐため、古来より、この地方の農家に伝わっているものである。家を取り囲む背の高い木が家によって異なり、独特の景観を見せている。

小杉、越中大門あたりまで、散居村の点在する田園地帯を走り、庄川を渡って、右手から合流する氷見線の線路を見ると、高岡に着く。高岡では五分停車。特急が停車するような大きな駅では、必ずと言っていいほど小休止する。

高岡を10時23分に発車し、西高岡、福岡と砺波平野を快走する。福岡では八分停車して、特急「加越3号」米原行の通過を見送る。日がだんだん高くなってきて気温が上がってきたが、窓からの風は心地よい。

小矢部川を渡り、石動《いするぎ》を過ぎると、越中から加賀へ向かう山々に分け入って行く。県境の倶利伽羅《くりから》トンネルを抜け、やがて、富山県から石川県に入る。ここは、一一八三（寿永二）年、源平合戦の時代に、源（木曾）義仲が、牛の角に松明《たいまつ》を付けて夜襲をかけ、平維盛の大軍を打ち破ったと伝えられる倶利伽羅峠の合戦のあった古戦場である。峠の駅、倶利伽羅に停車した客車列車は、にわかに静寂に包まれた。八〇〇年以上前に戦場だったこの地に、今はただ、蝉の声が聞こえるばかりである。

倶利伽羅を発車すると、なだらかな坂を下り、右手から単線非電化の七尾線が合流すると、津幡《つばた》に着く。ここでも八分停車し、その間に米原行の快速電車が先に発車する。どこまでものんびりと、どこまでもマイペースである。

津幡からは河北潟の干拓地を右に見ながら、森本、東金沢と停車し、11時26分、金沢に到着した。

金沢は、私にとって旅の原点になった駅である。高校一年生の時、初めて泊りがけのひとり旅に出て、大阪から新潟行きの夜行の客車鈍行に乗り、早朝、降り立ったのがこの駅だった。その時、金沢から「ふるさと列車おくのと」という蒸気機関車が牽引する列車で能登半島に向かったのである。あれから五年、私は日本全国を列車で東奔西走し、その集大成となるのが、今回の日本縦断の旅だった。列車は金沢で二一分間停車するので、私は駅から外へ出て、あたりを散歩した。駅の周辺は五年前とほとんど変わっていなかった。駅前にあるパチンコ屋の裏にある木賃宿に泊まったことを懐かしく思い出した。その時に乗った北陸鉄道浅野川線の乗り場も以前のままだった。現在では、新幹線開業前から駅は大きく変貌し、浅野川線の乗り場も地下駅になった。パチンコ屋や木賃宿は跡形もなく、当時の面影は、もはや何も残されてはいない。

金沢の発車は11時46分である。その間に発車した特急「雷鳥5号」が終点の大阪に着いた時、我が鈍行列車は、まだ福井の先の北鯖江に着いたばかりなのだから、いかにこの列車が遅いかがわかる。

この列車の始発駅、長岡を発車してから七時間余、私が乗った直江津からでも、もうすぐ五時間、どこまでものんびりとマイペースで列車は走る。

犀川《さいがわ》を渡り、西金沢で、左手に北陸鉄道石川総線の乗り場を見る。石川総線は、金沢駅には接続せず、金沢市内の野町から、西金沢、鶴来《つるぎ》を経て、白山下まで、古色蒼然とした電車が通っていたが、今では鶴来から先は廃止されてしまった。

松任《まっとう》には多くの貨物線や国鉄松任工場への引込線があり、何両もの貨車や機関車が留置されている。ここは松任市（現・白山市）の中心駅で、金沢からの客が大勢、降りて行く。次の加賀笠間《かがかさま》で七分停車し、特急「しらさぎ3号」を先に通す。ほかの駅の駅名票は、駅名が大きく平仮名で表示されているのに、この駅ではなぜか、漢字の文字が大きい。以前この駅を通った時、平仮名で「かかかさま」ってなんだろうと思ったことがある。まん中の「が」の字も「か」に見えてとても分かりにくい。そんなわけで、漢字表記を大きくしたのだろう。

次の美川《みかわ》でも八分停まり、今度は臨時急行「加賀」大阪行の通過を待つ。「加賀」は、この当時でも珍しい機関車が牽引する昼間の客車急行だった。

小松では、小さな二つの私鉄が連絡している。ひとつは鵜川遊泉寺《うがわゆうせんじ》までの五・五キロを結ぶ北陸鉄道小松線。もうひとつは尾小屋《おごや》へ向かう尾小屋鉄道である。私はこの五年前に尾小屋鉄道に乗ったことがあった。国鉄小松駅前にある、まるで掘立小屋のような「新小松駅」から鉱山の町、尾小屋までの一六・八キロを五〇分かけてのんびりと走る軽便鉄道である。線路の幅はナローゲージと呼ばれ、わずか七六二ミリ。新幹線の線路の約半分しかない。小さな気動車の中のロングシートは、前の人と膝が触れ合うほどに狭く、乗降する人の重みで揺れた。車内はもんぺ姿の婦人や、長靴を履いた老人などでほぼ満席だった。幼児が尿意を催すと、車掌が走行中の列車の扉を開けて、「ここからしていいよ」と言った。なんとものどかなかわいい列車だった。そんなことを思い出しているうちに、列車は小松を発車する。

だが、この愛すべき尾小屋鉄道は、この六年後の一九八二（昭和五七）年に、北陸鉄道小松線も八六（昭和六一）年に、日本地図から消えてしまった。

続く粟津《あわづ》でも、一六分間停車。この間に快速電車敦賀行、特急「北越1号」大阪行、さらには貨物列車にも追い抜かれるのであった。けれども、なかなか動き出さない列車に文句を言う客は誰もいない。走っている時間よりも、駅で停車している時間の方がはるかに長いと思う。

列車は、片山津温泉や山城温泉への玄関口、加賀温泉を過ぎ、大聖寺《だいしょうじ》から上り勾配を牛ノ谷トンネルで越えると、そこはもう福井県である。

芦原《あわら》温泉駅の前身である金津駅から、三国線という四・五キロの短い支線がわずか一駅だけの芦原駅との間を結んでいた。一九七二（昭和四七）年に三国線は廃止され、駅名は金津駅から芦原温泉駅に改称された。この駅に着く寸前に右手に三国線の線路跡が見えたはずだが、残念ながらこの時は見逃している。

列車は丸岡《まるおか》でも一三分間停車。次に追い抜いて行くのは、特急「雷鳥6号」大阪行と、急行「くずりゅう4号」米原行である。この時代、主要幹線では特急と急行が交互に走っていた。今のように何でもかんでも特急というのではなく、特急は、真の特別急行列車だった。丸岡を発車すると、ほどなく右手に福井空港の滑走路が見える。だが、この時、福井空港を発着する定期航路は一本もなかった。当時、北陸地方の航空路線は非常に貧弱で、羽田から小松へ一日二本、富山へも二本あるだけで、富山へはプロペラ機のYS-11であった。当然、高速バスなどあろうはずもなく、鉄道がほぼ独占状態だったのである。

森田を過ぎると、暴れ川との異名を取る九頭竜川を渡り、左手に京福電鉄（現・えちぜん鉄道）の車庫を眺めつつ、やがて、福井に到着した。時刻は14時19分。定刻の到着である。列車はこの後、17時45分到着予定の米原まで走り続けるが、私のきょうの予定はここまでである。

前夜は直江津で駅寝だったので、さすがに疲れた。福井YHに荷を解いて、洗濯をし、ゆっくりと休養したことは言うまでもない。

直江津　6時58（522列車）14時19　福井　EF58106　オハ352594

一五　福井から敦賀経由、綾部まで（北陸本線・小浜線・舞鶴線）

きょうは、昨日、直江津から乗ったのと同じ「522列車」で敦賀《つるが》まで行き、小浜線・舞鶴線を通って綾部《あやべ》まで行く。福井の発車は午後なので、それまで時間がある。ＹＨで知り合った横浜と大阪から来たの男子高校生と三人で、昨日通った丸岡まで戻ることにした。この町にある丸岡城は、天守閣が現存する城の中では、日本最古だという。丸岡までは、別途、切符を買い、普通電車でわずか一二分。昨日の客車列車よりも五分早い。

丸岡駅からおよそ四キロ離れた丸岡城は、一五七六（天正四）年に柴田勝豊によって築城された平山城である。この城の小さな天守閣は一九四八（昭和二三）年の福井地震で崩れたものの、一九五五（昭和三〇）年に修復され、国の重要文化財に指定されている。履いていたサンダルを脱ぎ、城内に入る。木の床を裸足で歩くのは気持ちがいい。梯子のような急な階段を登ると、そこからは緑に包まれた福井平野と、その向こうに広がる日本海を見渡すことができた。そこで、私たちは足を延ばし、のんびりと時を過ごした。城内には次のような石碑があった。

「一筆啓上　火の用心　お仙泣かすな　馬肥せ」

これは戦国時代、徳川家康の家臣・本多重次が、戦の陣中から妻に宛に送った手紙である。「お仙」とは、後の丸岡城主・本多成重の幼名で、日本一短い手紙であると言われており、その文字は丸岡城の記念スタンプにも刻まれている。

桜の木々の中で、アブラゼミの蝉しぐれが聞こえる。そんな暑い夏の午後だった。

さて、丸岡から14時02分発の米原行「522列車」に乗る。丸岡〜福井間は昨日も乗ったので、今回の片道乗車券のルートとしては、福井から旅を再開することになる。到着は昨日と同じ14時19分。二一分間停車して、福井の発車は14時40分である。発車してほどなく、足羽川を渡ると南福井の貨物駅の脇を通過し、越美北線を分ける越前花堂《えちぜんはなんどう》に着く。この時、越美北線は、九頭竜湖まで開通していていたが、いずれ、越美南線の北濃《ほくのう》まで開通し、越美線が全通するものと思っていた。だが、ついにこの両線がつながる日は訪れず、越美南線は、一九八六（昭和六一）年に第三セクターの長良川鉄道に移管されている。かつては、九頭竜湖から越美南線の美濃白鳥まで国鉄バスが運行されていたが、今ではその路線バスでさえも、廃止されてしまった。

列車は大土呂《おおとろ》、鯖江《さばえ》、北鯖江と順調に進む。右手に福井鉄道福武線の線路が見えると、菊人形で有名な武生に着く。西側にある福武線の駅は、なぜか武生新《たけふしん》（現・越前武生）といい、国鉄線の西側に沿って福井までを小さな電車が結んでいる。そのほか、武生駅の東側にある社武生からも、粟田部までの八・七キロを結んでいた福井鉄道南越線が発着していたが、こちらは、その後、一九八一（昭和五六）年に廃止されてしまった。

その武生では、二〇分間の停車である。その間に特急「雷鳥7号」と急行「越後」「ゆのくに2号」に抜かれていく。「越後」は、新潟から大阪までの急行列車で、全線にわたって電化区間を走るのに、気動車により運転されていた。また、「ゆのくに2号」は、今は廃線になった七尾線の輪島から大阪を結んでおり、金沢から「越後」と併結して大阪に向かう列車だった。この「ゆのくに2号」の穴水〜金沢間は、これも廃止された能登線の珠洲《すず》始発の「能登路4号」が併結されており、当時はこのような複雑な運用をする急行列車が珍しくなかった。

武生の発車は15時27分。王子保《おうしお》、南条《なんじょう》と、両側に徐々に山が近づいてくる。右手に時折、日野川が姿を見せる。山と山とのわずかな土地にも田んぼがひろがっている。山里の雰囲気の湯尾を過ぎ、今庄《いまじょう》、南今庄と列車は走る。

南今庄を過ぎると、こんな車内放送が入った。

「これより北陸トンネルに入ります。トンネルを抜けますまで、しばらくの間、お手洗いの使用はお控えくださいますよう、お願い致します」

当時の列車のトイレはすべて垂れ流しである。北陸トンネルの全長は一万三八七〇メートルで、在来線では当時、日本一の長さだった。そんな長いトンネルの中で汚物をまき散らしたら大変である。通過時間は、およそ一四分。闇の中をただひたすら列車の走行音が響く。時折、すれ違う列車の光と風圧が走り去る。

思えば、死者二九名を出した、急行「きたぐに」の列車火災事故が、北陸トンネル内で起きたのは、一九七二（昭和四七）年のことである。事故の数か月前に「きたぐに」に乗ってこのトンネルを通過したことがあっただけに、その時の印象は強烈で、記憶に新しかった。当時のマニュアルでは、火災発生の場合、たとえトンネル内であっても、直ちに停車させることになっており、それを忠実に守ったことによる大惨事だったのだが、その事故以降はトンネル内で火災が発生した場合、列車を停めずに直ちに外に出るように改められた。

それから、わずか四年後、列車は同じ長いトンネルの中を。黙々とひた走っている。トンネル内の暗い照明が、後ろに去っていく。この闇の中で煙に巻かれて命脈を絶った人たちのことを思うと、胸が痛む。単調なトンネル通過音が続く。

やがて、列車はようやく北陸トンネルを抜け、敦賀の到着は16時09分である。私は列車を降り、北陸本線に別れを告げた。

今度の列車は、敦賀発、綾部《あやべ》経由京都行の「922列車」である。この列車は小浜線、舞鶴線を経由して、綾部から山陰本線に入り京都まで行く列車である。

敦賀駅の1番ホームには、DE10ディーゼル機関車が七両の茶色い車両を従えた列車が発車を待っていた。前から後ろまで見ると、前三両が客車、後ろ四両が荷物車の混合列車であった。

敦賀の発車は16時29分。金沢・名古屋行の急行「大社」の到着を待って発車する。「大社」は、出雲市から山陰本線、舞鶴線、小浜線を経由して敦賀までやって来る。敦賀では金沢行と名古屋行に分かれて、北陸本線をそれぞれ逆方向に発車するという、変わり種の気動車急行であった。

暑さが少し和らいできた。だが、夏の日はまだまだ高い。北海道から比べると、かなり日暮れが遅くなったことを実感する。列車は敦賀を発車すると、しばらく北陸本線と並行しながら南下した後、右へカーブし、本線は左手に去って行く。ところが、衣掛川を渡ると、左手の山の中腹に鉄橋が見える。これは北陸本線の敦賀〜新疋田《しんひきた》間にあるループ線である。一九六三（昭和三八）年に、勾配緩和と輸送力増強のため、上り線のみループ線としたのだ。

右手には民家が並び、その向こうに敦賀湾が見えてきた。西敦賀を通過し、粟野《あわの》で、若狭高浜からの臨時急行「エメラルド2号」名古屋行と交換する。この列車は海水浴客を運ぶための真夏だけの臨時列車である。さきほど、名古屋行の「大社」が行ったばかりなのに、続いて名古屋行の臨時急行が走るとは、いかに列車利用の海水浴客が多かったかがわかる。

急行列車は粟野を通過するので、単線区間で使用する輪っか状のタブレット通票交換は、急行列車の運転席の運転助手と駅員との間で、列車を停車させることなく行われた。列車が通過する際、ホームに設置された、らせん形の授受機にタブレットを投げ入れ、受け取る時は、授受機に設置されたタブレットを、列車の窓から運転助手が腕を出して受け取っていた。今では考えられない、なんともアナログな方法だが、これには、熟練の技が必要だったという。

粟野を発車すると、列車は速度を落としながら坂を登り始める。小浜線に入り、北陸本線を走っていた鈍行列車よりは明らかに走行速度が遅い。

やがて、再び、右手に穏やかなリアス式海岸が見えてくる。東美浜を通過し、美浜《みはま》からは海水浴帰りの家族連れの客が乗って来る。美浜は三方五湖への観光客の玄関口でもある。

この時から六年前の一九七〇(昭和四五)年に相次いで稼働を開始した敦賀と美浜の原子力発電所は、美浜駅から北に位置する敦賀半島にある。この若狭湾沿岸には、このほか大島半島にある大飯《おおい》原発、高浜町にある高浜原発など、数多くの原子力発電所が建設された。これらは過疎に悩む地元自治体が昭和三〇年代から積極的に誘致した結果、このような原発密集地域になり、主に関西地区に電気を供給してきた。その結果、陸の孤島のように不便だった地元の道路が整備され、雇用も促進された。人々の動きも活発になり、すべて、原発によって地域が発展したようにも思われた。だが、安全性への疑問から、反対論も根強かった。そして、二〇一一（平成二三）年三月に起きた東日本大震災による大津波に伴う福島原子力第一発電所の事故で、甚大な被害をもたらしたことにより、原子力に対する風向きが変わった。時の民主党政権は、全国のすべての原子力発電所の稼働を停止した。だが、その後、自民党政権に戻り、最初に運転を再開したのが、福井県の大飯原発であった。賛否両論が渦巻く中で、これから先、どのような方向に向かうのだろうか。

美浜を出て、しばらく田園地帯の中を走ると、やがて、右手に三方五湖のひとつの久々子《くぐし》湖が見えてくる。さらに、気山《きやま》を過ぎて、菅湖、三方湖などの湖が次々と右手の車窓に見える。真夏の太陽が、だんだん西に傾いてきた。山の影に沈もうとする西日が眩しい。

三方《みかた》を発車すると、列車は山と山に囲まれた盆地へと入って来た。十村《とむら》、大鳥羽《おおとば》と、田園地帯が続く。十村では下りの普通列車と交換。この列車は京都から西舞鶴までは急行「丹後3号」として運転されていたが、西舞鶴から普通列車になった気動車である。急行列車が途中駅から普通列車に変わることはよくあることだった。

上中《かみなか》は小浜と京都を結ぶ若狭街道の宿場町で、江戸時代には北前船からの物資を京に運ぶ道筋として栄えた。小浜で獲れた鯖を塩漬けにして、京まで運ぶとちょうど良い味になったので、若狭街道は「鯖街道」とも呼ばれていたという。

新平野《しんひらの》を過ぎると、今回の旅の中で唯一の車内検札があった。この切符を改札口で見せると、どの駅の駅員氏もびっくりしたり、喜んだり、興味深く話かけて来るので、車掌氏がどんな反応を示すか楽しみだった。私はニヤニヤしながら切符を見せると案の定、

「おお、これはすごい……こんな切符、初めて見ましたよ」

と、彼は絶句した。そして、

「この先、気をつけて行ってください」

と私に声をかけながら、切符を返してくれたのだった。

列車は17時44分、この線の中心駅、小浜《おばま》に着いた。小浜は海のある小京都とも呼ばれている。大同元（八〇六）年に坂上田村麻呂が創建したと伝えられ、国宝の本堂や三重塔のある明通寺、国指定名勝庭園のある萬徳寺などの古刹寺院や、若狭彦神社、若狭姫神社らの古社など、市内には由緒ある多くの寺社が点在し、格子戸のある古い街並みも残されている。白壁の蔵のある通りには井戸があり、民家の軒先に小さな鐘がぶら下がっていた。この街をレンタサイクル自転車で散策したのは、五か月前、旅と鉄道愛好会の春合宿の時であった。機会があれば、またいつか、この街をゆっくりと訪れたいと思っているが、未だに実現していない。

そんな小浜に九分間停車し、敦賀行の客車列車と交換する。小浜線にはこの時、一日に四往復の客車鈍行が運転されていた。

列車は小浜を発車すると、立派な屋根瓦のある家並みを眺めながらトンネルに入る。右手に海が見えたかと思えば、勢浜を通過して、また、すぐにトンネルに入る。

列車は加斗《かと》を過ぎると、若狭本郷、若狭和田、若狭高浜と夕闇の迫る中、右手に複雑な地形の若狭湾を眺めながら走る。

青郷を発車してトンネルを抜けると、福井県から京都府に入る。あたりはすっかり暗くなった。薄暗い中、左手に松尾寺《まつのおでら》の古い木造駅舎が見える。

小浜線の駅の入場券は、すべて、以前来た時に収集済みなのでのんびりできる。だが、日が沈んでしまってからは車窓風景を楽しめない。それでも、カタコトッ、コトン、カタコトッ、コトン……という列車の進行音を聞いているだけでも、心が落ち着く。

やがて、東舞鶴に着く。小浜線はここまでだが、列車はそのまま舞鶴線へと進む。舞鶴線には、かつて東舞鶴から中舞鶴へ三・四キロの支線があった。この支線は元々、日露戦争のころに軍事輸送を目的として敷設されたものだったが、一九七二（昭和四七）年に廃止されている。戦前の舞鶴は、軍港の町として栄え、終戦直後、満州からの引き上げ船を待って舞鶴港で息子を待ち続けた母のことを唄った「岸壁の母」はあまりにも有名である。

列車は、東舞鶴で一五分間停車し、19時01分に発車した。だが、次の西舞鶴でも、なぜか八分停車する。おそらく後ろに連結された荷物車の荷物の積み下ろしをしているのだろう。西舞鶴からは宮津線（現・京都丹後鉄道）が発着するが、この時間に接続する列車はない。

さらに、次の真倉《まぐら》では下りの西舞鶴行の普通列車と交換する。窓の外が完全に暗くなったので、眠気を催してきたが、梅迫《うめざこ》を過ぎ、眠る間もなく、19時51分、山陰本線と接続する綾部に到着した。だが、この夜は綾部で荷を解くのではない。この街で時間をつぶした後、深夜に京都からやって来る出雲市行「827列車」でさらに西を目指すのだ。

まずは、駅の近くで銭湯を見つけ、旅の汗を流す。今では珍しくなってしまったが、この時代、主要駅の近くには、大抵、銭湯があった。男女別の暖簾をくぐると番台があり、その向こうには脱衣場に木のロッカーが並んでいた。桶は昔も今も黄色いケロリンの広告が入ったプラスチック製。風呂場の壁に、富士山の絵が描かれていたかどうかは忘れたが、そこには、古き良き時代の典型的な昭和の銭湯の風景があった。湯上りに瓶入りの牛乳を飲み干したことは言うまでもない。

湯上りでホッとした私は、近くの大衆食堂に入った。今なら間違いなく、ビールで喉を潤すところだが、その時は、そのようなことは、考えにも及ばなかった。テレビでは関西のニュースが流れ、大阪弁のＣＭが流れる。神戸の自宅を出てから四週間、久しぶりに地元に帰ってきた気がした。

福井　14時40（522列車）16時09分　敦賀　ＥＦ70４９　オハ35２２１０
敦賀　16時29（922列車）19時51分　綾部　ＤＥ10１０８２　オハフ33３３６

一六　綾部から松江、出雲市へ（山陰本線）

その夜は綾部駅の待合室で夜を明かし、翌朝の列車で西を目指しても良かった。だが、私は翌日、島根県の大社まで行かねばならない。それは、この長い旅に出発する時、大阪駅まで見送ってくれた後輩の女性と、出雲大社の近くのユースホステルで待ち合わせていたからである。取りあえず、鳥取まで行き、砂丘でも見学した後、夕方までに出雲市まで行こうと考えていた。

京都から出雲市までを、およそ半日かけ、夜通し走る「８２７列車」には、「山陰」という愛称が付けられている。普通列車にもかかわらず、愛称がついているのは、この列車にＢ寝台車が連結されているからである。もちろん、今回の旅に寝台車などという贅沢な車両に乗るだけの予算はない。だが、以前に、私は一度だけ、京都から米子まで、この列車の寝台車に乗ったことがある。当時のＢ寝台車は三段式で、寝台の幅がわずか、五二センチ、天井までの高さも七四センチから八四センチしかなく、ただ、横になれるだけのスペースがあるというだけの設備であった。寝台の中では起き上がることもできないし、寝返りをうつこともできない。正に蚕棚《かいこだな》のような造りだった。更衣室などあろうはずもなく、体が吊りそうになるほど狭いので、寝台の中で着替えるのは至難の業だった。それでも、超満員の列車で、四角い直角の椅子に腰を下ろして夜を明かすのが当たり前だった時代には、こんな寝台車でも、すごく贅沢な列車だったのだ。ただ、「山陰」号は、普通列車なので、真夜中でも何回も停車する。その都度、「ガクン!」と機関車が牽引する際の振動が伝わってくるので、なかなか眠れなかったと記憶している。朝、7時前になると、列車ボーイと呼ばれた係員が、上段と中段の寝台を片付けに来る。そうすると、下段が椅子席に早変わり。いつまでも寝台の中で寝ているわけにはいかなかったのである。

さて、「山陰」は、日付の変わった0時14分に綾部に到着した。だが、困ったことに、この列車は立ち客がいるほどの満員で、これでは朝まで立って行くしかなさそうだ。この時点でこの列車に乗るのをあきらめ、待合室で寝ても良かったのだが、私は覚悟を決めて、この列車に乗り込んだ。

0時21分に綾部を発車する。幸い、通路に腰を下ろすだけのスペースを確保したので、一晩中立ちっ放しという最悪の事態は免れた。こんな時、時刻表が役に立つ。私は汽車旅に出るときは、いつも分厚い交通公社の時刻表を持って行くのだが、これは普段は大きくて邪魔になる。けれども、列車の全駅の時刻や詳しい情報が必要なので、私はいつも大型の時刻表に決めていた。今回の長旅で、すでにかなりくたびれていたが、私は時刻表を座布団代わりにして、木製の床に座り込んだのであった。

高津と石原《いさ》は通過し、ほどなく福知山《ふくちやま》に着いた。福知山は大阪方面からの優等列車が福知山線から乗り入れる要衝駅。この駅でも多少の降りる人がいたが、乗る人の方が多く、なかなか座れそうもない。ホームに出てみると、前方で荷物車の連結作業が行われている。これは大阪から福知山線経由でやって来た車両で、おそらく翌朝、山陰各地で配達される新聞を積んでいるのだろう。客車鈍行は荷物車を併結する混合列車であることが多く、荷役作業の多い駅には必ず長時間停車した。福知山の停車時間は二〇分。先頭から最後尾まで行ってみると、列車は一〇両編成。前寄りに今、連結したばかりの車両を含めて荷物車が二両、その後ろに郵便車、B寝台車が一両と続き、後ろ六両が座席車であった。

発車時刻が近づくと、深夜にもかかわらず、ホームに発車ベルが鳴り響く。列車は0時54分、おもむろに福知山を発車した。

列車は黙々と深夜の山陰路を西へ向かって走る。山峡にホイッスルの音が響きわたる。踏切の警報音が去って行く。なんだか、悲しいような甲高い音が旅情を誘う。時折、「グォーッ」という音がして、トンネルを抜ける音。蒸気機関車時代だったら、トンネルに入る度に煙が入らないように窓を閉めていたことだろう。

停車した駅でふと見ると上夜久野《かみやくの》であった。深夜の小駅に乗降客はいない。そして、やや長いトンネルを抜けると京都府から兵庫県に入り、最初の駅は梁瀬《やなせ》である。

そして、播但線を分ける和田山では五分停車。あたりは静まり返っている。停車すると、客車列車の車内は本当に静かだ。聞こえてくるのは座席で眠る客の鼾の音だけだった。

一夜を明かす夜汽車の客の格好は千差万別だ。足を互い違いに伸ばしている人、うずくまって目を閉じている人、眠るのを諦めて新聞に目を通す人……。座れなかった人の中には床に新聞紙を敷いて横になっている人もいる。これが、一番楽な過ごし方かもしれない。通路まで人がいっぱいなので、トイレに行く時は、通路で寝ている人を跨いで歩かなければならない。車内には新聞紙や弁当ガラ、酒の空き瓶などが散乱し、なんとも気だるい雰囲気が漂っている。養父《やぶ》、江原、八鹿《ようか》と深夜の駅に小まめに停車する。八鹿では、反対ホームに上りの京都行の「山陰」が停車しており、窓からは、眠っている人々の姿が見える。起きている人がほとんどいなかった。時刻表を座布団にして床に腰掛けていた私も、しだいに眠くなってくる。

宮津線（現・京都丹後鉄道）に接続する豊岡に2時20分、城崎《きのさき》（現・城崎温泉）に2時37分、香住《かすみ》には3時13分。この間、江原で大阪行の急行「だいせん2号」、豊岡で「だいせん3号」と交換したはずだが記憶にない。余部鉄橋の通過も、まったく気がつかない。浜坂や、下り急行「だいせん3号」米子行に抜かれた岩美《いわみ》も夢うつつの中、各駅で乗降する人もなく、ただ、規則的な列車の進行音だけが、あたりを支配していた。けれども、その間も前方の荷物車からは、新聞を降ろす作業が続いていたに違いない。

目が覚めたのは鳥取到着を告げる車内アナウンスだった。列車はいつの間にか、兵庫県から鳥取県に入っている。多くの乗客たちが目を覚まし、網棚の荷物を降ろすなど、車内が慌ただしくなってきた。鳥取到着は、まだ夜も明けぬ4時40分。人々は荷物を抱え、どっと降りて行った。鳥取から分岐する因美線の始発の気動車が、アイドリング音をたてて発車を待っている。

鳥取で降りるつもりだったが、空いた座席を見てこの列車にもっと乗っていたくなった。席を確保した私は、急遽、予定を変更し、さらに西を目指すことにした。私の旅は気分次第でいつも予定が変わる。気まぐれな、自由気ままな旅なのである。ただ、今日に限って、夕方までに大社まで行くことだけは変わらない。

四年前、初めて同じ列車で鳥取に着いたとき、駅構内に蒸気機関車が佇んでいたことを思い出す。当時はまだ、蒸気機関車が各地に残っていたが、その三年後に国鉄線内からすべて消滅してしまった。山口線に「SLやまぐち号」が復活するのは、この時から三年後のことである。（但し、大井川鉄道では、この旅を実行した七六年七月からSL急行の運転を開始している）

鳥取の発車は4時49分である。外はまだ真っ暗だ。湖山《こやま》を出て、左手にあるはずの湖山池も闇の中である。

三分停車の浜村《はまむら》と、七分停車の倉吉《くらよし》では、入場券を買いに走った。当時は、真夜中や明け方でも、列車が来る限りは、窓口が開いていたのである。倉吉では倉吉線の山守行始発列車が、南側のホームで待機している。倉吉市の中心街にある打吹や、関金を経て山守までの二〇・〇キロを通っていたこの倉吉線も、一九八五（昭和六〇）年に過去帳入りしてしまった。

窓の外がだんだん明るくなってきた。きょうも新しい一日が始まろうとしている。時折、鳥取特産の二十世紀梨の畑が見える。秋の収穫を前に、白い袋がけをされた木々が目立つ。下北条、由良《ゆら》、浦安と、緑の田園地帯を寝ぼけ眼で眺める。藁葺屋根の農家も見える。典型的な日本の農村風景が車窓に広がっている。八橋《やばせ》を過ぎると、右手に日本海が広がる。眼下に小さな漁港や集落が見える。

赤碕《あかさき》には6時28分に着いた。ここで、東京からの寝台特急「出雲」浜田行に抜かれ、同時に反対列車と交換する。ここで交換する列車は、グリーン車を連結した急行仕様の気動車だが、この区間では快速扱いである。この列車は昨夜22時59分に山陽本線の岩国を発車して鳥取まで行く。岩国を出た時は普通列車だが、広島から急行「ちどり3号」として、芸備線《げいび》、木次線《きすき》を経由して山陰本線に入り、松江からは快速列車として鳥取まで行くのである。何度も列車種別が変わることも珍しいが、この運転経路も、今では考えられないルートだ。私は、その後、この列車に広島から米子まで乗ったことがあったが、深夜、木次線の出雲坂根《いずもさかね》駅でスイッチバックを体験したことが、強く印象に残っている。

赤碕からは高校生が大勢乗ってきて、車内が賑やかになった。夏休み中なのに、クラブ活動にでも行くのだろうか。煙草を吸っている悪ガキ男子もいる。当時は、地方に行くと、通学列車で煙草を吸う高校生は珍しくなかった。禁煙車など、国電以外にはまったくない時代である。

赤碕を6時37分に発車し、列車は淡々と早朝の山陰路を走る。御来屋《みくりや》でも五分停車して、鳥取行の客車鈍行と交換する。嬉しいことに、この時、山陰本線の普通列車の大半は、客車列車だったのである。

大山口《だいせんぐち》あたりから左手に雄大な名峰、大山が見えてきた。この山を見ると、山陰に来たという実感が湧く。淀江《よどえ》を過ぎ、左から伯備線の線路が合流すると、やがて伯耆大山《ほうきだいせん》に着いた。今では伯備線は山陽と山陰とを結ぶメインルートとして電化されているが、当時は気動車のL特急「やくも」や急行「伯耆《ほうき》」が走っていたものの、まだ電化されていなかった。

列車は日野川を渡り、右手から境線の線路が合流すると、これまで夜を徹して走って来た旅路をじっくりとかみしめるかのように、米子《よなご》駅に到着した。時刻は7時34分。多くの乗客が降りて行き、入れ替わり、松江方面に向かう通勤客が乗ってきた。右手に見える広い構内には、多くの客車や貨車が留置されている。ここは山陰における鉄道発祥の地。古い跨線橋に歴史の重みを感じる。そんな駅のホームで停車する長距離鈍行列車は、なんともいえない貫禄がある。

米子の発車は、7時43分。気だるい雰囲気だった夜汽車は、朝の通勤列車に早変わりする。とはいえ、東京の国電のような殺人的なラッシュがあるわけではない。通勤客たちは、あくまで、ゆったりと座席に座り、山陰中央新報に目を通している。

米子を発車すると、すぐに鳥取県から島根県に入る。右手にチラリと中海《なかのうみ》を眺めながら列車は走る。安来節で有名な安来《やすぎ》でも七分間停車する。ここで、大社からやって来て、倉吉から急行「白兎《はくと》」京都行となる普通列車と交換。本当に、次々とバラエティに富んだ列車がやって来たものだと思う。特に米子～出雲市間は山陰本線で最もにぎやかな区間で、山陰本線を駆け抜ける特急「まつかぜ」「おき」、急行「さんべ」「だいせん」「石見」「大社」、それに、寝台特急「出雲」、さらに、伯備線から出雲市へのL特急「やくも」、急行「伯耆」、木次線からの急行「ちどり」が加わる。米子駅あたりで一日中列車を眺めていても飽きなかったことだろう。

さて、荒島《あらしま》を過ぎると、再び、中海を間近に見る。中海は境港の美保関で日本海に達する、まるで湖のような穏やかな内海である。目の前に中海に浮かぶ平べったい大根島が見えている。列車は東松江を過ぎ、右手に宍道湖から中海に流れる大橋川に沿って走るうち、8時29分、島根県の県都、松江に到着したのだった。

松江駅は、現在では高架駅になっているが、当時はあまり特徴のないコンクリートの地上駅だった。夕方までに大社に行けばよいので、この駅で途中下車をし、午前中は市内でのんびりと過ごすことにした。水の都、松江は、堀尾氏の城下町。松江城天守閣からは宍道湖や市内が見渡せる。このお城は、全国に現存する12天守閣のひとつで、二〇一五（平成二七）年には六番目の国宝天守に指定された。あたりはクマゼミの声が賑やかだ。クマゼミは最近では関東でもその鳴き声を聞くこともあるが、元々は西日本しかいない蝉である。北海道でエゾゼミの声を聞いたのは何日前だろうか。つくづく日本列島も広いと思う。

その後、ギリシア出身の作家、ラフカディオ・ハーンこと、小泉八雲記念館を訪れた。彼は明治時代に通信員として来日し、そのまま日本に住み着いて日本国籍を取得し、日本名を名乗った異色の人物である。松江は、彼がこの街に住んで結婚し、小泉八雲となったゆかりの地なのだ。当時、彼が住んでいた家が、記念館として保存されている。『耳なし芳一』などの怪談はあまりにも有名だが、その時代にそこまで日本を愛し、終生を日本で過ごした欧州人がいたことに驚きを感じざるをえない。

その後、私は松江藩の中老・塩見家の武家屋敷を訪ねた。この街の歴史に触れるうち、そこで出会った五〇代の夫婦と言葉を交わす。

「一人旅ですか？　どこから来はったの？」

「稚内から来て、これから長崎まで行くんです」

私は四週間前に神戸の自宅を出発し、北海道や本州を鈍行列車だけであちこち回った後、九州を一周して長崎まで行くという旅の行程を簡単に説明した。そして、最小限の費用の貧乏旅行であると話した。

「いいねえ。若い時にそんな旅ができるのは、素晴らしいことやと思うよ」

彼らも神戸からの旅行者だった。ご夫婦はいたく感心し、駅までタクシーで送ってくれた。私にとって、タクシーはまったく無縁の乗り物だったが、これが、この旅の中で唯一のタクシー乗車だった。その上、松江駅では幕の内弁当の駅弁まで買っていただき、大いに感謝した。昼食は、立ち食いそばや、お店でお湯を沸かしてもらって食べるカップ麺などの粗食ばかりだったのだから。


松江発13時11分の出雲市行に乗る。当時の山陰本線の普通列車は、大半が客車列車で、松江から発車する出雲市方面の普通列車一四本中、九本が客車鈍行だった。

松江を発車した列車は、右手に宍道大橋を見て、その向こうにさきほど登城した松江城が見える。乃木《のぎ》を過ぎるとしばらく宍道湖の南岸に沿って走る。湖畔には松林が並び、まるで海のようだ。宍道湖は青森県の十三湖と日本一を競うシジミの水揚量を誇っている。やや風が強く、湖なのに波が立っているのが見える。

玉造温泉で、小郡発米子行の特急「おき1号」と交換。さらに、木次線を分ける宍道《しんじ》でも一一分間停車するので、ゆっくりと入場券を買いに行く。

宍道を出ると、左手に木次線の線路が去って行き、列車は左手に山裾を、右手に田園地帯を見ながら内陸部に入る。このあたりの民家は、二日前に見た富山県の散居村に似ている。民家の周囲を築地松《ついじまつ》と呼ばれる高い木で囲み、風雪の厳しい山陰の冬の寒さを防ぎ、また周りに土居を築いて屋敷を高くし、洪水を防いでいるのである。そんな風景の広がる荘原《しょうばら》、直江《なおえ》を過ぎると、やがて、斐伊川《ひいがわ》を渡る。右手から一畑《いちばた》電鉄が合流すると、14時09分、終着の出雲市に到着した。

出雲市では、本来の旅のルートから外れ、大社線で大社に向かう。出雲市~大社間七・五キロを結ぶ大社線は、出雲大社への参拝客を運ぶ重要な路線として一九一二（明治四五）年に開通し、かつては、東京からの急行「出雲」が乗り入れていたこともある。この旅の時点でも、大阪からの急行「だいせん」二本と、名古屋からの急行「大社」が大社線に乗り入れていた。だが、一九八〇（昭和五五）年に他線からの直通運転がなくなり、九〇（平成二）年に廃止されてしまった。

出雲市発14時40分の大社行に乗る。客車列車ばかり乗っていたので、久しぶりの気動車である。大社線は田んぼの中をのんびりと走るローカル線。途中、出雲高松、荒芽《あらかや》と、駅舎のない無人駅に停車し、わずか一四分で終着駅の大社に着く。

長いホームに荘重な駅舎が旅人を迎えてくれる。これは一九二四（大正一三）年に建てられた二代目駅舎で、出雲大社をイメージして造られた純和風建築である。駅舎内の照明や、木製の切符売り場、改札口など、あらゆる所に大正持代の浪漫を感じる名駅舎である。旅館の客引きが数名待っていたが、私には無関係である。

大社駅の駅舎は廃線後も保存され、その後、国の重要文化財に指定されて、今も健在で訪れる人が絶えないという。

そして、出雲大社に近いえびすやＹＨにて、後輩女性と合流したのだった。

綾部　0時21分（827列車）8時29分　松江　ＤＦ50573　スハ43158

松江　13時21分（533列車）14時01分　出雲市　ＤＤ511123　スハフ611074

一七　出雲市から門司、いよいよ九州へ（山陰本線・山陽本線）

大阪駅まで見送ってくれた後輩の女性と四週間ぶりに会った。彼女は親友の女性との二人旅。しかも、泊まるのは男女別室の健全なユースホステルである。ほかの大勢のホステラーたちと共に過ごした楽しい一夜。青春時代の淡い思い出である。

翌日、彼女らは、もう昨日のうちに参拝したというので、目の前にある出雲大社に私は参拝しなかった。それに、これまで二度、中学時代と高校時代に参拝していたからである。私たち三人は、出雲大社前から一畑電鉄で宍道湖の北側を走り、松江温泉から美保関に行った。だが、あいにくの雨。結局、どこへも行かず、渡し船で境港に渡り、境線で米子に戻って市内の喫茶店でしばらく話した後、二人と別れたのだった。

宍道湖の周りをぐるっと一周し、旅のルートからは少し逆戻りしたことになるが、私は、この日は松江ＹＨに泊まることにした。当時、このＹＨは、兵庫県の浜坂ＹＨと並んで「鬼の浜坂、地獄の松江」とホステラーから恐れられ、山陰では規律に厳しいＹＨとして知られていた。でも、宍道湖を高台から眺めるこのＹＨは居心地がよく、快適な一夜を過ごすことができた。

そこで知り合ったＩ君兄弟は、東京からクルマで中国・四国地方を一か月かけて旅をしている最中とのこと。当時、クルマで旅するＹＨ利用者は珍しかった。それでも、なんとなく意気投合し、翌日、私は彼らのクルマに便乗させてもらうい、彼らと共に、昨日は行かなかった出雲大社や、日御碕にも立ち寄ったのである。


出雲路のドライブを終え、出雲市駅まで送ってもらった私は、二日ぶりに客車鈍行の旅を再開した。きょうの列車は13時04分発の門司行「８３１列車」である。この列車は、朝の5時04分に兵庫県の豊岡を発車し、延々一七時間四八分をかけて九州の門司まで行く長距離列車だった。走行距離五三五・二キロは、上りの門司発福知山行に次いで、日本で二番目に長い長距離鈍行であった。

甲高いホイッスルの音を響かせ、ガクンという機関車からの振動が客車に伝わる。大社線の線路を右に見ながら、列車はゆっくりと出雲市を発車した。神戸川《かんどがわ》を渡り、知井宮《ちいみや》（現・西出雲）を発車すると、早くも市街地は途切れる。右手にチラリと神西湖《じんざいこ》を見て江南を過ぎ、徐々に丘陵地帯に入っていく。さらに、小田を発車すると、右手に岩礁と松の木林の続く海岸線が見えてきた。この列車は、この先、ずっとこの荒々しくも美しい日本海を右手に眺めながら走ることになる。

田儀《たぎ》で反対列車が待っていた。この列車は、門司を早朝5時23分に発車して、深夜23時50分に福知山に着く日本一の長距離鈍行「824列車」である。つまり日本で一番と二番の長距離鈍行が、一日に一度、この駅で顔を合わせるのである。今では考えられない壮大なダイヤであった。双方の列車はそれぞれ荷物車を含む六両編成。それぞれの列車が東西の終着駅に着くのは、今夜遅くだ。お互いの長旅を称えあうかのように、先にホイッスルを鳴らした我が「831列車」が、西に向かって発車した。

田儀を発車して、右手には大小の奇岩がどこまでも並ぶ荒々しい海岸が続く。時折、トンネルに入り、また海岸が姿を現す。波根では海水浴帰りの家族連れが乗って来た。

大田市《おおだし》には13時53分に着いた。この駅で一一分間停車する間に、博多から山陰本線・福知山線経由で新大阪まで行く特急「まつかぜ2号」と交換する。食堂車やグリーン車が連結された七両編成。当時の山陰本線の花形列車である。キハ80系の気動車特急が、エンジン音も高らかに、颯爽と発車していった。

列車はトンネルを抜け、時折、鄙びた漁村の風景を眺めながら、五十猛《いそたけ》、仁万《にま》、馬路《まじ》と黙々と走る。海と山が交互に見える。のどかな風景に旅の疲れも忘れてしまう。

温泉津《ゆのつ》を過ぎ、黒松でも反対列車と交換。反対側からやって来たのは、当時の山陰本線では少数派だった、気動車の普通列車米子行であった。その間に入場券を買いに行く。旅の前半では無理をして途中の全駅を買おうと頑張ったが、今はマイペースで汽車旅を楽しみながら、無理のない範囲で収集に励んでいる。

浅利《あさり》を過ぎ、江の川《ごうのかわ》を渡ると、江津《ごうつ》には15時07分に着いた。ここでは一九分間の小休止。その間、鳥取行の特急「おき2号」と、浜田から東京に向かう寝台特急「出雲」と交換する。

江津からは、この時の一年前に全線開通したばかりの三江線《さんこう》が分岐している。三江線は、広島県の三次と江津を結ぶ陰陽連絡線のひとつとして計画され、一九三七(昭和一二)年に江津～浜原間が、六三(昭和三八)年に三次～口羽《くちば》間が開通したものの、最後に残った浜原～口羽間が開業し、江津～三次間一〇八・一キロが全通のは七五(昭和五〇)年八月のことだった。開通当初は、江津から発車する列車が九本あったものの、近年は五本しかなかった。この線に優等列車が走ったことはなく、陰陽連絡線の機能を果たしているとは言い難い。当初から採算が取れないことは明らかで、地元政治家による我田引鉄だと批判されたものだ。利用者も極端に少なく、以前から廃線の噂が取り沙汰されていたが、二〇一八(平成三〇)年三月末をもって、ついに廃止されてしまった。

続く都野津《つのづ》でも二〇分の停車。ゆっくりと入場券を買いに行きながら、駅前を散歩する。車内はすいており、列車が停車すると、物音ひとつしない静けさに支配される。その後に登場した新型客車のように、騒音を発する電源車がないため、あたりには、蝉の声と小鳥の囀りしか聞こえない。そして、反対ホームには貨物列車が停車している。この区間を走る貨物は全廃されたが、当時は長大編成の貨物列車が山陰本線を行き来していたのである。やがて、そんな中を、博多行の特急「まつかぜ1号」が通過していった。

列車はしばし、内陸部に入る。波子を挟む小駅、敬川《うやがわ》と久代《くしろ》は通過する。この両駅はなぜか、客車列車はすべて通過し、気動車の普通列車だけが停まる。

下府《しもこう》を過ぎ、漁業の町、浜田には16時20分に着いた。浜田は島根県西部、石見《いわみ》地方の中心地である。この駅でもお約束のように一二分間の小休止。この間に機関車の交代と荷物の積み下ろしが行われ、やがて、熊本からやって来た、急行「さんべ1号」鳥取行と交換する。この急行列車は関門トンネルをくぐると、下関で切り離され、前半分が山陽本線と美祢《みね》線を経由し、後ろ半分は山陰本線経由で、それぞれ長門市まで来て、再び合流した後、鳥取まで行くという変わり種の列車である。

窓の外には黄金色に輝く石見瓦の家が目立つ。

「このあたりの屋根は独特の色をしていますね」

車掌氏と言葉を交わす。

「昔、マルコ・ポーロが東方見聞録で、日本は黄金の国だと書いた話があるでしょう。あれはね、京都の金閣寺のことを言っているといわれているけれど、本当はここにやって来た中国人が、このあたりの家の屋根の色がすべて黄金色に輝いているのを見て、日本は黄金の国とマルコ・ポーロに話したらしいですよ」

マルコ・ポーロ自身は日本に来たことはなく、日本を訪れたことのある中国人から聞いた話を東方見聞録に書いた。日本に来たことのある中国人は、金閣寺だけを見て、はたして日本は黄金の国だと思うだろうか。それよりも地理的に大陸に近い石見地方に船でやってきて、海岸線に並ぶ家々の屋根がすべて黄金色に輝いているのを見て、黄金の国と思ったという説の方が、ごく自然で、信憑性が高いと思う。日の光を受け、石見瓦の家々が黄金色に輝いている。正に、ここは黄金の国だ。

「次はおりい〜（折居）。次はおりい〜」

周布《すふ》のホームで駅長が叫んでいる。私は「まだまだ、降りないぞ」と呟く。駅長はタブレットの入った輪っかを持っている。

「浜田から西はまだ自動化が進んでいないんですよ。でも、これも多分、あと一年ぐらいかな」

と、車掌氏が教えてくれる、

折居、三保三隅《みほみすみ》と美しい海岸に沿って走る。時折、トンネルをくぐり、山と海とを交互に眺めている。岡見を過ぎ、石見瓦の漁村や、入り組んだ海岸線が続く。そして、沖には小さな島が浮かんでいる。

益田《ますだ》には17時33分に着いた。この駅からは山口線が分岐する。やがて、この列車から乗り継いだ客を乗せて、山口線の小郡《おごおり》（現・新山口）行の普通列車がディーゼルエンジンを唸らせながら発車していった。

益田には雪舟庭園のある医光寺や萬福寺があるしっとりとした町である。また、このあたりは古来より受け継がれた石見神楽が盛んで、今も、地元の人たちにしっかりと伝承されている。代表的な演目は『大蛇《おろち》』で、須佐之男命《すさのおのみこと》（素戔嗚尊とも書く）と八岐大蛇との激闘は迫力満点である。クネクネととぐろを巻き、口から火を吐く何頭もの大蛇を退治する姿は圧巻で、何度見ても飽きることはない。

益田で一四分停車する間に、米子行の客車鈍行と交換し、発車は17時47分である。夏の日がだんだんと西に傾き始めた。西日を浴びた石見瓦が、一層美しく、黄金色にキラキラと輝いている。

益田を発車すると、山口線を左に分け、高津川を渡ると、しばらく砂浜を眺めながら走る。戸田小浜では、急行「さんべ2号」米子行、さらに益田行の普通列車と交換する。

飯浦《いいのうら》を過ぎ、山の中に入ると、そこは山口県との県境の仏峠だ。須佐《すさ》を過ぎ、右手には夕暮れ迫る北長門海岸が広がっている。長大な大刈トンネルを抜け、すぐにコンクリート製の惣郷川《そうごうがわ》橋梁を渡る。昭和初期に建造されたこの橋梁は、列車の撮影ポイントとしても有名で、私も、以前、ここを通るデゴイチ牽引の貨物列車を撮影したことがあった。眼下に見える小さな集落に光が灯り始めている。やがて、停まる駅は宇田郷《うたごう》だ。

奈古《なご》で、久大本線の天ケ瀬《あまがせ》から日田彦山《ひたひこさん》線、美祢線などを通って浜田まで行く急行「あきよし」と交換。このころは本当にバラエティに富んだ列車が走っていたものである。国鉄が分割民営化されて以来、関門トンネルをはさんで行き来する列車が徐々に少なくなり、今では、九州から本州に乗り入れてくるすべての列車は下関止まりになってしまった。

奈古を過ぎ、正に夏の太陽が水平線に沈もうとしていた。今回の旅で日本海の夕陽を眺めるのは三回目、最初は山形県の羽越本線、二度目は福井県の小浜線、そして、今度は山口県の山陰本線である。どこで見ても、海に沈む赤燈色に輝く夕陽の美しさは感動的である。開け放った窓から、夕方の風が気持ちいい。きょうはいいお天気だった。

その後も列車は淡々と走り続けた。吉田松陰ゆかりの地、東萩には19時30分、美祢線と仙崎《せんざき》支線を分ける長門市《ながとし》には20時22分。昼間であれば、このあたりも美しい日本海や青海島の風景を眺めることができるが、すでに闇の中である。

20時29分に発車した長門市からは、この列車がきょうの最終列車となる。外が見えなくなったので、私は封筒作戦を再開し、滝部、長門二見、湯玉、川棚温泉、黒井村、吉見の各駅は、この時に入場券を入手している。当時はこんな鄙びた小さな駅でも、最終列車まで駅員がいて、窓口を開けて一枚一枚、切符を売っていた。

もはや、車内は一両に数名の客しか乗っていない。それでも列車はカタカタッコトンと規則的な走行音をたてながら闇の中を走り続ける。

幡生《はたぶ》で山陽本線に合流し、久々に架線のある線路を見る。山陰本線はこの駅までだが、列車はこのまま山陽本線に乗り入れ、関門トンネルを抜けて門司まで行く。

本州最西端の駅、下関には22時34分に着いた。ここで、浜田からこの列車を牽引してきたＤＤ51が切り離され、海底トンネル専用のＥＦ81に機関車が取り換えられる。海底トンネルを通る機関車は、塩害と湿気による腐食防止のため、外板はステンレス製であった。関門トンネルに入る客車列車は必ず、機関車の交換作業を行ない、これが関門海峡を抜ける儀式のようなものだった。だが、本州と九州を結ぶブルートレインが全廃された今、もはや、この光景を見ることはできない。

22時44分、列車は電気機関車に引かれ、ゆっくりと下関を発車する。チラリと街の灯を見た後、すぐに関門トンネルに入る。この世界初の海底トンネルは、戦時下の一九四二（昭和一七）年に、軍事目的による突貫工事で開通した。橋梁によって関門海峡を渡るのは、敵艦から艦砲射撃を受ける危険性があるという軍部からの要請で、トンネルを掘ることになったのだが、この時期にこのようなトンネルを建設できたことは驚きである。

列車は長い旅路の最後を噛みしめるかのように、ゆっくりと暗い海底トンネルを走る。もはや乗客は各車両に数名しかいない。22時52分。ようやく、終着駅の門司に到着した。ここはもう、九州、福岡県である。

ホームで何度も話をした車掌氏に挨拶を交わす。すると、ひとりの青年が話しかけてきた。きょう、停車時間の長い途中駅のホームで、何度か見かけた青年である。別の車両に乗っていたのだろう。

「きょう、どこから乗られたんですか?」

「僕は出雲市からだけれど、あなたはどこからだったの?」

「豊岡からですよ。それに行く時は、門司から福知山行の『824列車』で行ったんですよ」

この列車に往復全区間乗るとは、すごい。私も今回の旅について話すと、彼もいたく感心して、門司駅の待合室でしばらく話し込んだ。彼は門司に住む高校三年生で、名を片山君という。その日、私は彼が家に帰った後もそのまま待合室に残り、一夜を明かしたのであった。

出雲市　13時04分(831列車)22時52分　門司　DD51708↓DD511111↓EF81304スハ4256

一八　門司から大分・別府へ（日豊本線）

早朝、片山君の声に目を覚ます。時刻はまだ午前4時を過ぎたばかり。昨夜、遅かったのにも関わらず、こんなに早く見送りに来てくれるとは思わなかった。しかも、それだけではない。深夜にお母さんに頼んで弁当を用意して持ってきてくれたのである。昨夜、ほんのわずかな時間、話をしただけなのに、これは大感激である。

きょうの旅立ちは、4時57分発の下り一番列車、大分行「521列車」である。小倉までは鹿児島本線を走り、日豊本線へと向かう。門司港からガラガラの列車がやって来た。門司で五分間停車する。ホームまで見送りに来てくれた片山君が手を振っている。彼と、彼のお母さんの好意に心から感謝する。残念なのは、時間がなくて、お互いの連絡先を一切交換しなかったことである。昨日の列車の中では時間がいっぱいあったのだから、もっと色々と話せればよかったと思う。

まだ、夜明けまでは遠い空の下、列車はおもむろに発車した。右手の門司機関区にはたくさんの機関車や車両が並んでいる。北九州市の工場地帯を列車は黙々と走る。貨物列車がたくさん並ぶ東小倉貨物駅を通過。小倉では四分停車して、日豊本線に入った。すぐに西小倉を通過する。この区間は鹿児島本線の線路と並行しているが、この時はまだこの駅には鹿児島本線のホームはなく、停車するのは日豊本線の列車だけだった。その後、一九八七（昭和六二）年の民営直後に鹿児島本線のホームを新設し、小倉～西小倉間は日豊本線と鹿児島本線の重複区間となった。

西小倉を過ぎて大きく左にカーブして鹿児島本線と分かれた列車は、北九州市の街の中を走る。昨日は山陰地方の鄙びた漁村ばかりを眺めていたので、大都会にやって来たことを実感する。日田彦山線を分岐する城野《じょうの》からは、路面を走る西鉄北方線が接続していたが、一九八〇（昭和五五）年に廃止され、その五年後に、ほぼ並行して北九州モノレールが開通した。

城野を過ぎると、日田彦山線が右手に去り、左手には北九州の山々が見えて来る。でも、まだまだ、このあたりには、住宅と工場が並んでいる。

寝ぼけ眼の車内で、片山君が差し入れてくれたお弁当をありがたく頂くうち、徐々に東の空が明るくなってきた。苅田《かんだ》着5時34分。このあたりも工業地帯である。苅田港からは、神戸、大阪方面へのフェリーが発着している。

行橋《ゆくはし》には、5時43分に着いた。ここで四分停車。山陰本線では長時間停車が多かったが、このあたりは複線のため、停車時間の長い駅は少ない。行橋からは伊田方面への田川線が接続している。田川線は筑豊炭田で採れた石炭の苅田港への輸送を主な目的に敷設された路線だが、炭鉱の閉山により貨物輸送量が激減し、旅客輸送も低迷。漆生《うるしお》線、上山田線、添田《そえだ》線、宮田線など、筑豊地区の多くの路線が廃線になる中で、この田川線と、伊田線、糸田線は第三セクターの平成筑豊鉄道として現在も走り続けている。

行橋を出ると、列車は今川を渡り、さらに南を目指す。この今川には河童伝説があり、田川線を継承した平成筑豊鉄道には、今川河童という名前の駅ができた。

新田原《しんでんばる》を過ぎ、築城《ついき》にかけては、右手に航空自衛隊築城基地が見える。ここは、戦時中、神風特別攻撃隊の出撃基地のひとつになっていた場所である。特攻隊基地というと、鹿児島県の知覧《ちらん》が有名だが、主に九州内の、その他の基地からも出撃していたのである。この時からわずか三一年前に、当時の私と同世代の若者たちが南の海に散って行ったという事実を思う時、平和な時代に生きていることに感謝しなければならない。

椎田《しいだ》を過ぎ、豊前松江《ぶぜんしょうえ》にかけて、工場の合間から周防灘《すおうなだ》が見えてきた。三毛門《みけかど》を過ぎ、山国川を渡ると、大分県に入る。右手には、耶馬渓《やばけい》に至る山々が見える。

大分県に入って最初の駅、中津には6時31分に着いた。中津は黒田氏の城下町。福沢諭吉の出生の地としても知られている。

中津を発車すると、列車は、しばらく平地を淡々と走る。日曜の朝、空いていた車内も、少しずつ乗客が増えてきた。

ローマ字で書くと「USA」となる宇佐を過ぎると、列車は上り勾配となり、国東半島を縦断する山の中に入っていく。やがて、長大な立石トンネルを抜ける。立石、中山香《なかやまが》と盆地の中の駅に停車した後、国東半島への玄関口、杵築《きつき》には7時40分に着いた。ここで一七分間停車する間に、新大阪からの寝台特急、「彗星3号」大分行が軽やかに通過して行く。

日出《ひじ》を出ると、やがて、左手に別府湾が見えてきた。豊後豊岡、亀川と別府湾を見ながら進むうち、別府には8時30分に着いた。別府は言わずと知れた国際観光都市。別府温泉や地獄めぐりに行く観光客でいつも賑わい、別府港からは広島、松山、神戸、大阪などに向かう瀬戸内海航路が行き交っている。

三分停車の別府で多くの客が入れ替わり、東別府からは再び別府湾に沿って走る。右手から迫ってきた山は野猿で有名な高崎山だ。西大分を過ぎ、市街地に入ると、列車は8時50分、終着の大分に着いた。

大分では、大分在住の知人に会った。彼女とは前年の秋に佐賀県の虹の松原YHで出会い、共に唐津や七ツ釜などをヒッチハイクで回った間柄である。この当時、日本中に旅先で出会った友がいた。私は彼女と共に高崎山に行き、猿を眺めながらのんびりと大分でのデートを楽しんだのである。が、その後、ホテルでワインのグラスを傾け、豪華なディナーという余裕はなかった。夕方には彼女と別れ、その夜は別府ＹＨに荷を解いた。残念ながら、それ以来、彼女に会ったことはない。

門司　4時57（521列車）8時50　大分　ED76 86　ナハ104

一九　大分から、宮崎・都城経由、吉松へ（日豊本線・吉都線）

別府ＹＨでは賑やかな楽しい夜を過ごした。当時のＹＨは、お酒を呑まず、消灯が夜の10時という、いたって健全な環境だったが、それでも、当時の若者たちはＹＨのペアレントやヘルパーを中心に、楽しく歌い、大いに語り合ったものである。

翌日の旅立ちは大分発11時32分の西鹿児島行「５２５列車」である。この列車で一気に西鹿児島まで行くのではなく、途中、都城《みやこのじょう》で下車して吉都線、肥薩線を経由し、隼人で再び日豊本線に乗り換えて鹿児島を目指すことにした。その方が、まっすぐに日豊本線で行くよりも、五四・二キロ距離が長いからだ。

大分を発車した列車は、街中をしばらく走った後、久大本線を右に分け、さらに大分川を渡ったところで、豊肥本線も右に去っていくと、右手に大分電車区が見える。高城《たかじょう》を過ぎると乙《お》津《とつ》川、鶴崎を過ぎると大野川と、次々に橋梁を渡る。

幸崎《こうざき》では、宮崎から博多に向かう特急「にちりん4号」と交換。大分より南はすべて単線である。さらに、しばらく停車して、東京から来た西鹿児島行の寝台特急「富士」に抜かれる。

12時13分に幸崎を発車した列車は、にわかに山の中に入っていく。上り勾配をゆっくりと走り、やがて、長大な佐志生《さしう》トンネルを抜けてサミットを越える。佐志生、下ノ江《したのえ》、熊崎《くまさき》と、今度は下り坂を軽快に走る。熊崎を過ぎると、左手遠くに臼杵湾を眺めつつ、臼杵川を渡って、上臼杵を経て石仏で有名な臼杵《うすき》に着く。

臼杵の石仏群の中で最も有名な大日如来像は、千年以上も風雨にさらされ、いつしか仏頭が剥落したまま台座の下に置かれていた。この首のない石仏が、臼杵のシンボルになっていたが、その後、一九九四（平成六）年に補修され、石仏の頭は元の位置に戻されたという。臼杵では、西鹿児島発別府行の急行「しいば」と交換する。

臼杵を発車すると、左手に臼杵湾を眺めながら走った後、長大な徳浦トンネルなど、いくつかトンネルを抜けると、津久見《つくみ》に着く。半島をひとつ横断したため、ここから見える海は津久見湾。美しい小さな島々が浮かんでおり、複雑な地形が続いている。

このあたりの山にはみかんの木が多い。秋になると、収穫の季節を迎える。今はまだ緑っぽいが、あと一か月もすれば、温州《うんしゅう》みかんのきれいなオレンジ色の実が見られることだろう。そのほか、このあたりでは、八朔《はっさく》、ポンカン、甘夏みかんなど、数多くの品種が作られている。

連なるトンネルを抜けると日代。さらにトンネルを抜けて見える海は、今度は佐伯湾だ。浅海井《あざむい》、狩生《かりう》と、大小の島々を眺めながら列車は南下を続ける。

列車は13時21分、佐伯に着いた。一〇分間の小休止の間に、博多行の特急「にちりん5号」と交換する。

佐伯を発車すると、列車は大きく西に進路を変え、上岡からは山の中に入って行く。番匠川を渡り、その支流に沿って、両側に山を望みながら、ゆっくりと走る。佐伯で大勢降りたため、車内は閑散としている。

列車は、小さなトンネルや鉄橋を重ねて渡りながら、険しい上り坂をノロノロと走る。周囲は緑に囲まれた山々が続いている。直見、直川、重岡と小さな駅に停まりながら這うように進む。乗降客はほとんどいない。

やがて、県境の駅、宗太郎に着いた。あたりはひっそりとした山の中である。聞こえるのは蝉の声だけ。乗客が少ないため、しーんと静まり返っている。ホームに人の気配はない。やがて、「ピーッ〜」というホイッスルと共に、赤い機関車に引かれたブルートレインが颯爽と通過していった。これが、寝台特急「富士」東京行である。西鹿児島を朝9時41分に発車して、日豊本線を北上し、山陽本線、東海道本線を駆け抜けて東京に着くのが、翌朝の10時10分。一六九五・九キロを二四時間二九分かけて走る、正に日本一の長距離列車であった。

大分県と宮崎県の県境部分にあたる佐伯~延岡間の五八・四キロは、当時は、上下11本の普通列車が運行され、そのすべてが客車列車だった。だが、沿線の過疎化に伴い、徐々に普通列車の本数が減り、二〇一八（平成三〇）年三月のダイヤ改正で激減、わずかに、上り2本、下り1本となってしまった。これは、通勤通学客の利用がゼロとなり、地域の公共交通としての役割が完全に終わってしまったことを意味する。この区間は大分と宮崎を結ぶ幹線であり、多くの特急列車が通過するため、路線自体が廃止されることはないが、やがて、途中駅の多くは信号場に格下げになるかもしれない。

宗太郎を14時31分に発車すると、県境を越え、宮崎県に入る。市棚《いちたな》、北川と、坂を徐々に下っていく。日向長井では、上り急行「日南2号」小倉行の通過を待つ。

列車は北川に沿って南下するうちに北延岡を過ぎ、右手に旭化成の工場を見ると高千穂線の線路が合流して、延岡には15時12分に着いた。

高千穂線は、風光明媚な五ヶ瀬川に沿って延岡から高千穂までの五〇・一キロを走るのどかなローカル線で、中でも天岩戸付近にある高さ一〇五メートルの当時日本一の高さだった高千穂橋梁は、圧巻であった。この路線は、延岡から高千穂を経て、高森から高森線、さらに立野から豊肥本線を経由して九州横断鉄道の一部として計画された。一九三九（昭和一四）年に延岡から日ノ影《ひのかげ》までが開通。その三三年後の七二（昭和四七）年に、高千穂まで延伸したものの、高千穂〜高森間の工事はその後、トンネル内の大量出水などの影響で進捗せず、その後、計画は中止されてしまった。すでに開通していた区間は、八九（平成元）年に第三セクターの高千穂鉄道に移行されたものの、二〇〇五（平成一七）年秋の台風により途中の鉄橋が流出し、復旧することなくそのまま廃止されてしまった。もし、開通していれば、博多や熊本から宮崎への短絡ルートとして、「たかちほの森」なんていう特急列車が運転されたかもしれないと思うと、残念で仕方がない。

延岡では二四分間停車し、この間に宮崎行急行「日南2号」に抜かれ、博多行の特急「にちりん6号」と交換する。我が客車鈍行の車内は、座席が半分ぐらい埋まっているが、静かな午後の時が流れている。ホームでは駅弁売りの姿が見える。

ようやく発車して五ヶ瀬川を渡り、南延岡に着くと、ここでも七分停車。上りの門司港行の客車鈍行と交換する。決して急ぐことなく、どこまでもマイペースである。時間を気にせずに、のんびりとした汽車旅が、客車鈍行の醍醐味だと思う。南延岡の駅構内には機関区があり、多くの機関車や気動車、貨車などが見える。

南延岡を発車すると、左手に海が見えて来る。この海は日向灘だ。土々呂《ととろ》で一旦、山の中に入るが、すぐにまた海が見え、門川《かどがわ》付近では、沖に小さな島が浮かぶ。

日向市《ひゅうがし》には16時11分に着いた。ここでも、一三分の小休止。西鹿児島行の特急「にちりん3号」を先に通す。日豊本線は、この時、まだ南宮崎以南が未電化だったため、「にちりん」のうち、西鹿児島発着の一往復は、キハ80系による気動車特急であった。その間、私はのんびりと入場券を買いに向かう。改札口で乗車券を見せると、

「なに、落書きしたとね」

切符を見た駅員が怪訝そうに言う。ほとんどの駅員はびっくりして眺めるだけだったけれど、その駅員は違った。その時、すでに手元の稚内から長崎までの手書きの乗車券には、途中降りた駅の途中下車印が、所狭しと押されていた。そして表面に書ききれないので、裏面には小さな文字で経由線名がぎっしりと書き記されていたのを見て、クレームをつけてきたのである。

「切符の字が読めんようになったら、回収して再発行することになっとるとよ」

冗談じゃない。そんな時間はないし、別に落書きをしたわけではないのに、それはないだろうと思う。途中下車印も頼んで押してもらったわけでもないし、そのスペースもない。不正乗車をしているわけじゃないのに……。

それでも、なんとか関門を突破して、無事に旅を続けたのであった。

日向市からは、かつて港に向けて細島《ほそしま》線という三・五キロの短い線が分岐していた。その時はすでに旅客営業を廃止し、細島港への貨物専用線として運行を続けていたものの、一九八九（平成元）年に運転休止となり、そのまま廃止された。

また、日向港からは、当時、川崎や大阪、神戸へのフェリー航路が発着していたが、二〇〇五（平成一七）年までにすべて運行が休止されてしまった。

日向市を発車すると、列車は塩見川を渡り、徐々に海に近づいていく。南日向を過ぎ、美々津《みみつ》を過ぎても左手には日向灘の青い海が広がっている。

東都農《ひがしつの》を発車すると、右手に建設中の高架橋が見えてきた。これは、その二年後に実験を開始した国鉄のリニアモーターカー実験線である。その後、一九九六（平成八）年までこの場所で実験が行われ、一九七九（昭和五四）年には、無人運転ながら時速517キロの世界最高時速を記録したという。その後、リニア計画はJR東海が継承し実験線は山梨県に移転した。東京～名古屋間にリニア新幹線が開業するのは二〇二七年、大阪までは二〇三七年というのだから、実験開始から実用化まで半世紀もかかるという気の遠くなるようなプロジェクトである。山梨実験線は、完成後はリニア新幹線の路線の一部として活用される予定だが、こちら宮崎ではリニアどころか、新幹線の建設計画もない。今は実験線跡地の一部で、太陽光パネルを並べて太陽光発電に活用している。新幹線やリニアにまったく縁のなさそうな地方に実験線を建設したことは、まったく不思議なことである。都農《つの》、川南《かわみな》、高鍋と、日向灘に沿ったひと気の少ない平坦な海岸線が延々と続く。今回の旅で海を眺めるのは何度目だろう。だが、太平洋は、北海道で見た後は、福島県を走る常磐線以来である。本来なら南国宮崎の海は青く、空は明るいはずなのだが、この日は小雨が降っていて、海には白波が立っている。でも、そんな中、浅瀬に船を浮かべている人の姿があった。

小丸川を渡ると17時10分に高鍋に着いた。高鍋では、都城から新大阪に向かう寝台特急「彗星2号」と交換。この列車が新大阪に着くのは明朝7時47分だ。

日向新富を出ると、列車は内陸部に入り、一ツ瀬川を渡ると佐土原《さどわら》に着く。佐土原からは、沿線に西都原《さいとばる》古墳が点在する妻線（佐土原〜杉安間一九・三キロ）が分岐していたが、この路線も一九八四（昭和五九）年に終焉を迎えた。

列車はさらに南下を続け、宮崎神宮駅の、神社を模した赤い駅舎を右手に見るうち、県都、宮崎には17時46分に着いた。だが、私はここで降りずにさらに南下を続ける。宮崎駅は今では高架駅になっているが、当時は大屋根のあるどっしりとした地上駅であった。駅前に立つ背の高いフェニックスだけが当時と変わらない。

宮崎で一〇分の小休止のあと、市街地を眺めながら発車すると、列車はすぐに大淀川を渡る。河畔にはフェニックスやシュロの木などが植えられ、あたりにはホテルが建ち並んでいる。当時、宮崎は新婚旅行のメッカと言われていた。残念ながらこの日は曇天であったが、これが晴れた日なら、ロマンチックな南国のムードが漂っていたことだろう。

車両基地のある南宮崎を発車し、日南線を左に分けた列車は、徐々に郊外の山の方角に向かう。宮崎で多くの客が降りたため、車内はガラガラである。清武《きよたけ》を過ぎ、杉木立の並ぶ薄暗い山の中、列車は上り坂をゆっくりと走る。日向沓掛《ひゅうがくつかけ》付近では段々畑が見える。

田野で宮崎行の普通列車と交換。こちらは気動車である。付近は山に囲まれた盆地にある田園地帯。八月とはいえ、立春を過ぎた日向地方の稲の穂は、早くも黄金色に首を垂れ始めている。あたりが徐々に暗くなって来た。列車はさらに急な坂道をあえぐように登る。「ピッー!」と時々、甲高いホイッスルの音が谷間に響く。

山の中の駅、青井岳《あおいだけ》を過ぎ、長大な青井岳トンネルを抜けると、サミットを越え、ようやく軽快に走り始めた。坂道でも軽やかに走る現在の電車とは異なり、昔の客車列車は、上り坂と下り坂が実にわかりやすい。牽引する機関車が蒸気機関車だったら、もっと激しい息遣いが聞こえたことだろう。

山之口、餅原《もちばる》、東都城(現・三股《みまた》)と、暗くなった線路の上を黙々と走った列車は、19時13分に都城に到着した。この列車はそのまま乗っていれば、21時53分には終点の西鹿児島に着くが、この駅で列車を降りて、これから吉都《きっと》線に乗り換えるのである。本来なら、車窓風景の見えない夜に乗るよりも、都城で一泊して翌日の吉都線の列車に乗ればよいのだが、都城にはユースホステルもないし、一泊しても、都城発の吉都線の客車鈍行は16時22分までないので、効率が悪いのだ。

吉都線は宮崎県の都城と鹿児島県の吉松を結ぶ六一・六キロのローカル線である。とはいえ、この当時の吉都線は、博多・熊本と宮崎を結ぶメインルートであり、特急「おおよど」一往復と、急行「えびの」が三往復運転されていた。

けれども、時代が変わり、現在では高速バスに乗客を奪われて、わずかな地域間輸送だけになってしまった。ＪＲ九州の中で最も乗車効率が悪い線で、平日の高校生の通学時間帯を除けば、ほとんど空気を運んでいるような状態で、いつ廃止されても不思議ではない。

その日、都城で軽く腹ごしらえをした後、この駅の薄暗い地下道をくぐって吉都線乗り場に行くと、４番ホームには20時10分発の吉松行の「６３３列車」が発車を待っていた。これが吉都線の最終列車である。あたりに人影はまばらだったが、列車は、ＤＦ50形ディーゼル機関車を先頭に、荷物車一両を含む七両の堂々たる編成であった。

とはいえ、乗客はごくわずかしかいない。寂しいホイッスルを闇の中に響かせながら、列車はおもむろに発車する。昼間ならのどかな田園地帯から、やがて、霧島連山を眺める風光明媚な山岳路線なのだが、夜に乗っても、車窓から見えるのはわずかに光る民家の灯だけである。日向庄内、谷頭《たにがしら》と乗降客はいない。高崎新田《たかさきしんでん》では、ホームを老婆が歩いており、タブレット交換の駅員の姿があったので、封筒を手渡して入場券の発送をお願いする。

小林はこの線の中心駅で、都城行の上り最終列車と交換する。ホームにある大きな木の屋根が印象的だ。この駅でも何人かが降りて行く。

列車はさらに闇の中をゆっくりと走る。列車の規則的な走行音だけが車内に響く。そして、駅に停車すると、あたりは静寂に包まれる。

加久藤《かくとう》は、一九九〇（平成二）年に駅名がえびのに変更した。だが、黒ずんだ切妻屋根の昔ながらの駅舎は今も健在である。おそらく一九一二（大正元）年の開業当時からの建物であろう。

列車は京町（現・京町温泉）を発車すると、鹿児島県に入った。もはや、私の乗った客車に乗客はいない。無人駅の鶴丸を過ぎ、21時52分、肥薩《ひさつ》線と接続する終着駅の吉松に着いた。この夜はこの駅の待合室で一夜を明かすこととなる。

大分　11時32分（525列車）19時13分　都城　ED76 25→DF50 523　オハフ33409
都城　20時10分（633列車）21時52分　吉松　DF50 553　ナハフ10 43

二〇　吉松から西鹿児島経由、熊本へ（肥薩線・日豊本線・鹿児島本線）

吉松駅は、今回の旅で一夜を明かした駅の中で、最も寝心地がよかった。網走は外に出されて自転車小屋に寝たし、東室蘭では肘掛の付いたセパレート式の椅子だったので、横になることができなかった。八戸では警官に職務質問されたし、新津や直江津は、夜行列車が夜中に頻繁に発着するため、落ち着いて眠れなかった。

だが、ここ吉松では待合室を追い出されなかったばかりか、椅子はクッション付きの寝心地のいい長椅子。電気も消してくれて、蚊の襲撃にも遭わなかったので言うことはない。寝袋に入り、朝までぐっすりと熟睡できたのである。

翌朝、5時56分発の肥薩線の「821列車」、西鹿児島行で旅が始まる。この列車は隼人まで肥薩線で南下し、隼人から日豊本線に入る。駅寝とはいえ、ゆっくり眠れた朝は清々しい。

始発列車の車内は閑散としていた。寝ぼけ眼で周囲の山々を眺めていると、日本の北の端から、ついに薩摩の国までやってきたという実感が湧いてくる。

吉松は小林盆地の西端に位置するが、山野線を分ける栗野を出ると、列車は山間部へと入って行く。山野線は栗野から薩摩大口を経て水俣までの五五・七キロを結ぶ山間路線だったが、一九八八（昭和六三）年に過去帳入りをした。

右手に栗野岳、さらにその背後に続く霧島連山を望みながら、列車は山の中をゆっくりと進む。霧島連山にある新燃岳《しんもえ》は、活発な活火山で、二〇一八（平成三〇）年三月にも大規模な噴火が観測され、周囲の立ち入りが規制されている。

大隅横川はそんな中にある古い駅。開業以来の木造駅舎は、今も健在だ。駅舎を支える柱には、戦時中、米軍機から受けた機銃掃射の痕跡が残されている。列車は朝靄のかかった山の中を、靄の合間から出た朝日を浴びながら黙々と走り続ける。霧島西口は霧島温泉郷への玄関口。だが、早朝に温泉に向かう人も、温泉から帰って来る人もいない。このあたりでは、「風向きによって霧島山の火山灰が降ることもある」と、土地の人が言う。

植村を過ぎ、嘉例川《かれいがわ》にも古い駅舎が残されている。一九〇三（明治三六）年に建てられたこの駅舎は、九州で最も古い木造駅舎として、大隅横川とともに二〇〇六（平成一八）年に国の登録有形文化財に指定された。今では、観光特急「はやとの風」が停車し、観光バスまでやって来る観光地になったが、この当時はまだ、ひっそりとした山の中の小駅に過ぎなかった。

肥薩線の駅の多くは、堂々とした木造駅舎が残り、一様にホームが長い。これは、肥薩線がかつては、幹線である鹿児島本線の一部であったことに起因する。熊本県の八代《やつしろ》から鹿児島県の隼人を結ぶ肥薩線は、一九〇九（明治四二）年に鹿児島本線の一部として開業した。当時、軍部から海岸線を走るルートは、敵艦船からの艦砲射撃の危険性があるため、内陸部への敷設が求められたからである。日露戦争が終わって、まだ数年しか過ぎていない時代だった。幹線として建設されたので、駅舎は堂々とした造りで、ホームも長く作られたのだ。

ところが、一九二七（昭和二）年に八代から出水《いずみ》経由の海岸沿いの路線が開業すると、鹿児島本線はそちらに移り、こちらは肥薩線となった。幹線からローカル線へと格下げになった肥薩線は、その後、複線化や電化などの近代化をされることもなく、往年の姿を残しながら、その歴史を今に伝えている。

列車は小さな川の流れに沿って徐々に山から下りて行く。表木山《ひょうきやま》で反対列車と交換。こちらは西鹿児島始発の気動車である。日当山《ひなたやま》を過ぎると、鹿児島湾を左手に見ながら畑の中を走り、6時50分に肥薩線の終点、隼人《はやと》に到着した。

隼人からは日豊本線に乗り入れて、終着駅の西鹿児島を目指す。加治木《かじき》で吉松行の上り普通列車と交換。こちらと同じ古びた客車鈍行である。さらに、重富では、別府行の急行「しいば」の通過を待つ。

重富を発車すると、やがて、鹿児島湾にぴったりと寄り添って走る。錦江湾《きんこうわん》とも呼ばれるこの海は、真ん中に鹿児島のシンボル、桜島が鎮座する。この先、鹿児島駅に着く直前まで穏やかな鹿児島湾と、白い噴煙を上げる桜島の雄姿に目が釘づけになる。桜島を眺めていると、長い日時をかけ、とうとう九州の南端までやって来たという実感が湧いてくる。

そんな海沿いにある駅、竜ケ水《りゅうがみず》に着く。ここは、海に近い高台にある小さな駅で、乗降客は誰もいない。この駅の周辺には民家はなく、今でいう秘境駅である。この駅では、この時から二二年後の一九九三（平成五）年八月六日に、鹿児島を襲ったいわゆる「8・6豪雨」で、土砂災害による大きな被害を受けた。豪雨で立ち往生した列車が、この駅を襲った土石流により流されてしまった。この時、乗員の指示に従わず、列車からの避難を拒んだ乗客三人が死亡した。この豪雨で、線路だけでなく周辺道路も寸断されたため、この列車の乗客や、周囲に取り残された人々は、海から船で脱出したのだった。

竜ケ水を過ぎても、延々と左手の車窓に桜島が続いている。湾内を航行する船の姿は見えない。右手に島津家の別邸であった仙巌園（磯庭園）を見ると、やがて鹿児島に着く。

鹿児島駅は鹿児島本線と日豊本線の終点だが、この時、すでに鹿児島市の中心は西鹿児島（現・

鹿児島中央）駅付近に移っており、両線の大部分の列車は、西鹿児島から発着していた。そのため、この列車も一駅だけ鹿児島本線に乗り入れ、西鹿児島まで行く。

鹿児島駅には長いホームがたくさんあり、駅前には市電のターミナルがあり、かつての終着駅の雰囲気を残している。だが、ホームに人影は少なく、西鹿児島と比べるとひっそりとしている。それでも、この当時は、まだ、駅構内に広大な荷物列車用の集積場があり、遠く東京の汐留貨物駅へ向かう荷物列車が鹿児島駅から発車していた。

そんな鹿児島駅に三分停車した後、列車は西郷隆盛終焉の地、城山の下を潜るトンネルを抜け、終着駅の西鹿児島に着いた。時刻は7時37分、朝から真夏の太陽が照りつけている。三角屋根の堂々たる駅舎が私を迎えてくれた。

鹿児島では、ご当地出身で、大学の旅と鉄道愛好会の後輩女性に会った。彼女は出雲で会った後輩と同級生である。夏休み中、郷里の鹿児島に里帰りしていたのだった。さきほど、列車の中から見えた仙巌園や、照国神社、西郷隆盛像など、市内の見所を案内してもらう。昼食を共にし、半日だけの鹿児島デートであった。

さて、今度は、鹿児島本線を北上して熊本を目指す。次の列車は西鹿児島14時30分発の「136

列車」、熊本行である。

西鹿児島を発車した列車はすぐに指宿枕崎線を左に分け、しばらくは民家の並ぶ市街地を走った後、すぐにゆっくりと山の中を登って行く。現在では、上伊集院は鹿児島市に併合され、鹿児島のベッドタウンになっているが、その当時は、ひっそりとした小さな駅であった。

薩摩松元は、さらに山の風情が漂う駅である。築堤の上にある駅舎に駅員の姿が見えた。薩摩松元を発車すると、列車は伊集院《いじゅういん》に向けて下り始める。

伊集院は周囲を小高い山に囲まれた盆地にある。左手に古びた信号機と、朱色の車体の、いかにも年代物の気動車が停車している。これが、枕崎との四九・六キロを結ぶ鹿児島交通南薩線（枕崎線）である。この当時、伊集院から南薩線の列車が一日三往復、国鉄鹿児島本線に乗り入れて西鹿児島まで運転されていた。だが、この時から七年後の一九八三（昭和五八）年夏の豪雨で線路が寸断され、一部区間が復旧したものの、そのまま翌年に廃止されてしまった。今では、南薩線の中心駅だった加世田駅跡地のバスターミナルにある南薩線記念館に、かつての栄華を偲ぶことができる。

東市来から、それまで複線だった線路が単線になると、早速、次の湯之元で八分間停車し、博多からの急行「かいもん2号」と交換する。この先、短い周期で、単線区間と複線区間が交互に続く。市来《いちき》を過ぎ、甑島《こしきじま》への汽船が発着する串木野《くしきの》は、東シナ海側の漁業の町。鹿児島湾に沿った西鹿児島から薩摩半島を横断したことになる。

串木野からは、再び、複線となって山の中に汽笛がこだまする。だが、木場茶屋《こばんちゃや》を過ぎて隈之城《くまのじょう》まで来ると平地が開け、やがて、川内《せんだい》に着く。

川内では八分間停車し、新大阪行の特急寝台「明星2号」に道を譲る。この日、西鹿児島から鹿児島本線を通って本州方面へ向かった寝台列車は臨時を含めて七本。東京行の「はやぶさ」に続いて、関西方面への「明星」が四本と「なは」、それに名古屋行の臨時の「金星」が運転されていた。正にブルートレイン全盛時代、このほか、長崎、佐世保、熊本、博多、大分、宮崎、都城と、九州各地を始発駅とする数えきれないほどの夜行列車が関門トンネルを潜っていたのであった。

川内からは宮之城線（川内〜薩摩大口間六六・一キロ）が分岐する。当時、西鹿児島発の列車が宮之城線を経由して薩摩大口まで一日三往復していた。途中の薩摩永野にはスイッチバックがあったが、一九八七（昭和六二）年に廃止された。

川内の発車は15時55分。草道《くさみち》を過ぎると、やがて左手の車窓に東シナ海が広がっていく。今回の旅で初めて車窓に現れた東シナ海。思えば、サロベツ原野から眺めた日本海に始まり、オホーツク海、太平洋、そして、東シナ海と、これで、日本列島を取り巻く四つの海を、すべてこの旅の空の下に眺めたことになる。

薩摩高城《さつまたき》は、小さな美しい入り江を眺める静かな駅。夕方に近くなった夏の海が輝いている。砂浜が見えるが、泳いでいる人の姿は見られない。西方《にしかた》、薩摩大川と、延々と海岸沿いを列車は走る。小さな漁港が見える。東シナ海は、どこまでも美しく波穏やかだ。薩摩大川から一旦、内陸に入るものの、牛ノ浜でまた、海岸線に戻る。このあたりは、鹿児島本線で最も風光明媚な区間である。九州新幹線の新八代〜鹿児島中央間が開通した二〇〇四（平成一六）年に、八代〜川内間の鹿児島本線は、第三セクターの肥薩おれんじ鉄道に移管されたが、今もここを走る列車の車窓から眺める絶景は変わらない。

阿久根《あくね》では鳥栖《とす》からやって来た客車鈍行と交換。当時、この区間の普通列車は、客車列車と気動車が半々だが、長距離を走る列車は、客車が主流であった。

阿久根を発車すると、しばらく海を眺めながら走るが、折口からは内陸部に入り、野田郷《のだごう》では、博多からの特急「有明5号」と交換する。

冬になると丹頂鶴がやって来る出水《いずみ》には、17時06分に着いた。ここで一三分間停車する間に貨物列車が先に行く。米ノ津を過ぎると、内海の八代海を左手に見ながら、やがて鹿児島県から熊本県へと入る。

工場の煙突が左手に見えると水俣《みなまた》に到着する。ここはあの水俣病の発生源となったチッソ水俣工場が駅前にある。終戦直後に始まった汚染物質の排出によってもたらされたこの公害病の被害者の苦悩は、今も続いている。水俣では一二分停車し、その間に小倉行特急「有明9号」が先に行く。

水俣からは、肥薩線の栗野までを結ぶ山野線が分岐していたが、この時、駅に山野線の列車の姿はなかった。

津奈木《つなぎ》を過ぎて、長大な津奈木トンネルで峠を越える。列車はトンネルの中を黙々と走り続ける。こんな旅を何日、続けているのだろう。もう飽きたと思いながらも、こうやって列車の座席に座っていると、「やっぱりいいなあ」と思ってしまう。これって、どういうことなんだろう。湯浦《ゆのうら》、佐敷《さしき》と、複雑な地形の中をクネクネと曲がりながら、山の中を走る。あたりは、だんだん暗くなってきた。肥後田浦《ひごたのうら》を過ぎると、不知火海《しらぬいかい》とも呼ばれる八代海が車窓に広がる。沖に浮かぶ天草の島々と、その背後の夕陽が、ことのほか美しい。四角い列車の木の窓枠の向こうに広がる風景は、さながら額縁の中の絵のようである。夕方の淡い光を浴びて、列車は走り続ける。

上田浦《かみたのうら》、肥後二見と、不知火海の絶景は続く。車内の客は少なく、口を開く者はいない。カタコトコトン、カタコトコトンという列車の進行音だけが車内に響く。温泉旅館の並ぶ日奈久《ひなぐ》（現・日奈久温泉）を過ぎ、肥後高田では、博多から西鹿児島に向かう特急「有明7号」と交換する。球磨川の河口近くで肥薩線の鉄橋の下を潜って合流すると、列車は八代《やつしろ》に着く。時刻は19時05分。正に西の空に日が沈もうとしていた。

八代からは複線になるので、列車の交換待ちの必要はないが、この駅で一六分も停車する。やがて、湯前線の終点湯前から、肥薩線経由でやって来た普通列車の客を乗せ、ようやく八代を発車した。

列車は薄暗い田園地帯を大きくカーブする。このあたりは、その後、九州新幹線の新八代駅ができる場所だが、その当時は、まだ何もない平地であった。右手に広がる群青色の空に満月が見える。もう、夜七時半だというのに、外はまだ完全に真っ暗にはなっていない。随分、西へやって来たなあと思う。

千丁《せんちょう》、有佐《ありさ》、小川と、列車は闇の中を淡々と走る。熊本が近くなり、複線になったせいか、速度が速くなった気がする。三角《みすみ》線を分ける宇土《うと》、そして、川尻を過ぎ、阿蘇へとつながる白川を渡ると、20時01分、列車は長旅を噛みしめるかのように、悠然と熊本に到着したのだった。

改札口を出ると、そこには、旅館の客引きの姿があった。この時代、まだ地方の主要駅や温泉地の駅前には、旅館の法被を着て、旗を持った客引きが健在だった。

だが、私は彼らには着いて行かず、市電の行き交う駅前通りを渡り、近くにあるＹＨ旅館松鶴へと向かった。この旅館は、規模は小さいけれど、立派な瓦屋根の日本家屋だった。が、このＹＨを兼ねる旅館は、他のＹＨの健全な雰囲気とは異なる地域にあった。白川と坪井川に挟まれたこの地区にはこのような旅館が多いが、戦前はこの地域は遊郭の中心で、いわゆる赤線地帯だったのだ。この二本木遊郭の成立は一八七七（明治一〇）年で、最盛期には七〇件以上の遊郭があり、六〇〇人以上の娼婦がいたという。

そのことは、以前に泊まった時に同宿のホステラーから聞いていたが、そんなことを気にする私ではなかったし、周囲の妖しいネオンも気にならなかった。もちろん、ＹＨである以上、この宿で不健全なことは何もなかったけれど、今にして思うと、かつての赤線地帯にある旅館が、健全な若者たちの宿であるはずのＹＨを兼営していたことは驚きである。

それはともかく、前夜、駅寝だった私は、この宿の相部屋の畳の上で、心地よい夜を過ごしたのであった。

吉松　５時56分（８２１列車）７時37分　西鹿児島　ＤＤ51１７５８　オハ47１１５
西鹿児島　14時30分（１３６列車）20時01分　熊本　ＥＤ76４０　オハ46５４４

二一　熊本から鳥栖経由、佐賀へ（鹿児島本線・長崎本線）

かつての遊郭の宿で、私はゆっくりと過ごした。朝から蝉の声が賑やかである。きょうも暑い一日が始まった。北の果てから始まった客車鈍行の旅は、最終目的地の長崎への最終コーナーを回ろうとしている。熊本から朝9時26分発の特急「有明1号」に乗れば、鳥栖《とす》で「かもめ1号」に乗り換えて12時50分には長崎に着いてしまう。だが、私は、これから鳥栖まで行き、長崎本線、佐世保線、大村線を経由する夜行鈍行列車で、この旅の終着駅・長崎に向かうのである。

長い旅が、いよいよ終わりが近づくと、なんだか寂しくなる。そして、きょうは、今までの旅の中で、最も時間を持て余す一日であった。というのは、熊本より北の鹿児島本線を走る普通列車は、大半がすでに電車となっていたため、客車鈍行が、一日二本しかない。しかも、その後、乗り換える長崎本線、佐世保線、大村線も、客車鈍行はほんのわずかの本数しか走っていなかった。

きょう、最初の列車は13時15分発の「132列車」鳥栖行である。熊本を発車した列車は、熊本電鉄に接続する上熊本を過ぎると、徐々に市街地を離れ、登り坂へと差しかかる。

植木で一四分停車し、その間に特急「有明5号」と、急行「ぎんなん6号」が相次いで通過して行く。このころは、幹線には必ず、特急と急行が走り、乗客の選択の幅が広かったものだ。もちろん、学生時代の私は、特急に乗りことは滅多になく、鈍行のほかは、ワイド周遊券があれば乗り放題の急行自由席専門だった。

植木を発車すると、列車は田原坂《たばるざか》にさしかかる。開け放った窓から入ってくる山の空気が心地よい。緑も木々が風になびいている。田原坂は言わずと知れた西南の役の古戦場。一八七七（明治一〇）年に、官軍と薩摩軍が激しい攻防を繰り広げた場所である。官軍の勝利に終わった西南戦争の天下分けの戦いになったのが、この田原坂の戦いであった。今も当時の銃弾が付近の山などから発見されることもあるという。だが、列車は、一〇〇年前のそんな悲惨な歴史を知らぬかのように、黙々と走り続ける。

田原坂を過ぎると、木葉《このは》、肥後伊倉と坂を快調に下り、やがて、菊池川を渡ると、玉名温泉への玄関口、玉名《たまな》に着く。この駅には原則として急行列車は停車するが、特急列車は停まらない。当時のダイヤは特急停車駅と急行停車駅を区別していたものだ。だが、九州新幹線が全通した現在、この区間を走る優等列車は一本もない。玉名温泉へ向かう客は新幹線の新玉名が玄関口になったのだろう。

玉名を発車すると、大野下、長洲と、なだらかな平野の中を走る。両側には緑の田園地帯が広がっている。長洲を過ぎると、左手にムツゴロウで有名な有明海が見え隠れする。対岸には島原半島と雲仙岳が見える。雲仙というと近年では、一九九一（平成三）年の普賢岳《ふげんだけ》噴火に伴う大火砕流が発生したが、江戸時代にもこの地域に大きな被害をもたらす噴火が起きている。一七九二（寛政四）年に起きた大噴火では、火山性地震に伴う山の崩壊と津波により、島原半島ばかりか対岸の肥後の国までにも甚大な被害を及ぼし、「島原大変肥後迷惑」として今に伝えられている。最近では多数の死者を出した木曽御嶽山の噴火が記憶に新しいが、日本列島は正に火山列島なのである。

有明海に別れを告げ、荒尾あたりからは、徐々に民家が多くなる。そして、熊本県から福岡県に入ると、すぐに大牟田《おおむた》に着く。大牟田は、県境を挟んだ荒尾と並んで、三池炭鉱とともに栄えた町である。「月が出た、出た、月があ～出た～ヨイヨイ、三池炭鉱の上に出た」でお馴染みの炭坑節は、今も盆踊りの定番ソングだ。江戸時代からこの地で続く石炭産業は、日本近代化へのエネルギーを支え続けてきたが、時代の流れとともに、石炭から石油へとエネルギー政策が転換され、一九九七（平成九）年に閉山となった。この旅の当時、石炭産業が斜陽へと向かう時期ではあったが、まだまだ炭鉱は健在であった。

大牟田を発車すると、左手に西鉄大牟田線と並行する。すぐに西鉄新栄町駅があるが、ここに国鉄の駅はない。このあたりは、炭鉱の隆盛により栄えた町だが、今は閑散としている。そこからしばらくの間、西鉄電車と競争になった。だが、意外なことに我が、客車鈍行の方が速い。このあたり、列車の運転本数が多いので、客車鈍行といえども、のんびりとは走っていないのである。田園地帯を快走し、銀水《ぎんすい》を過ぎると、やがて、西鉄の線路は離れて行った。

渡瀬《わたぜ》では右手の小高い丘に神社の鳥居が見える。やがて、広がっていく青々とした田園地帯の中を、列車はさらに北に向かって快走する。

瀬高には14時58分に着いた。瀬高からは筑後柳河、筑後大川を経由して佐賀までの二四・〇キロを結ぶ佐賀線が接続していた。熊本〜長崎間を、この佐賀線経由で結ぶ「ちくご」という急行列車が走っていたこともあったが、国鉄民営化直前の一九八七（昭和六二）年に廃線になった。佐賀線に架かる筑後川橋梁に、珍しい可動橋があった。これは、列車の通過時以外は鉄橋を上にあげて大型船が通れるようにする鉄橋で、廃線後の今も、重要文化財として大切に保存されている。

佐賀線が左手に去って行き、矢部川を渡ると船小屋に着く。特急も急行も停まらない小さな無人駅だった。だが、今では筑後船小屋と駅名を変え、九州新幹線「つばめ」が停車する。周囲には船小屋温泉があるものの、まさか、ここに新幹線の駅ができるとは思わなかった。

右手から矢部線が合流すると羽犬塚である。羽犬塚〜黒木間一九・七キロを結ぶ矢部線の沿線は、八女茶の生産地だが、一九八五（昭和六〇）年に廃止された。

このように、北海道と並んで、九州の数多くのローカル線が国鉄民営化と前後して廃止されている。特に、福岡県に網の目のように張り巡らされていた国鉄路線網の多くが、炭鉱の衰退とともに役目を終え、日本地図から消えた。

列車は筑後平野のまん中を快走する。荒木を過ぎ、西鉄大牟田線の下をくぐり、右手から久大本線の単線非電化の線路と合流すると、久留米に着く。今では、新幹線も停車するが、もちろん、その当時は新幹線の気配すらない。特急停車駅だが、久留米市の中心部は西鉄久留米駅周辺なので、あたりはひっそりとしている。九州の国鉄主要駅は、街の中心から離れていることが多い。明治時代の建設時に汽車の煙を住民が嫌ったためか、あるいは、元からの街の中心部に線路を敷設するのには、地上げが大変だったからなのか定かではないが、博多も、熊本も、西鹿児島も街の繁華街からは離れている。

久留米を発車した列車は、筑後川を渡ると佐賀県に入る。肥前旭を過ぎ、左手から合流する長崎本線の下を潜って右手に操車場を見るうち、15時37分、終点の鳥栖に着いた。広大なヤードには、数多くの貨車や機関車が並び、出番を待っている。現在ではこの操車場は廃止され、跡地にはサッカーJリーグ・サガン鳥栖のホームグラウンドが建っている。

鳥栖は鹿児島本線から長崎本線が分岐する鉄道の要衝である。ホームには駅弁の立売人がいて、「かしわめし」や「肉めし」を売っている。三本あるホームには各方面への列車が次々と発着する。

熊本・長崎と、東京・新大阪とを結ぶ寝台特急はこの駅で分割併合をしている。また、鳥栖から発着する長崎本線と佐世保線はこの年の七月一日に電化工事が完成したばかりだった。それ以前は、長崎・佐世保行の夜行列車「さくら」「みずほ」「あかつき」「雲仙」「西海」は、鳥栖で電気機関車からディーゼル機関車に交換していたのである。それまでは昼間の特急が運転されていなかったが、電化完成を機に、この時、初めて、長崎行「かもめ」、佐世保行「みどり」がL特急として運転されるようになったのだった。

どっしりとした構えの木造駅舎に、要衝駅の風格が漂っている。嬉しいことにこの駅舎は今も健在である。だが、駅前の整備を理由に建て替えが検討されているという。なんとか、文化財的価値の高い駅舎を残しつつ、整備ができないものかと思う。

さて、鳥栖で降りたのはいいが、何もすることがない。この後は、門司港を今夜22時39分に発車し、長崎本線、佐世保線、大村線を経由する「421列車」に乗る予定なのだ。この列車が鳥栖を発車するのは、なんと深夜の1時50分。これからの一〇時間あまりを、鳥栖でどうやって過ごそうかと途方に暮れる。駅のまわりを歩いてみたが、特に行く所もなさそうだ。今だったら、とりあえず、博多あたりまで行って、一献傾けるなどして時間を潰すだろう。だが、貧乏旅行者だった当時の私にとって、そんなお金は使いたくなかったし、長旅の疲れがたまっており、あまり動きたくなかった。

時刻表をもう一度確認してみた。よく見ると、乗る予定の1時50分発の長崎行の前に、もう一本、17時26分発の佐世保行の「435列車」があった。特に見るべきものもない鳥栖でこのままずっと待っているより、佐賀の方が、まだ何かあるかもしれない。そう思った私は、迷わずこの列車に乗ったのだった。

夕方の五時を過ぎても、九州の夏はまだまだ日が高い。鳥栖を発車した列車は、さきほど通ってきた鹿児島本線を跨ぎ、筑後平野を一路、西に向かう。肥前麓あたりの小高い丘を左に見る。中原付近ではみかん畑が多い。三田川は一九九三（平成五）年に、吉野ヶ里公園と駅名が改称されたが、吉野ヶ里遺跡が、この近くに発見されたのは、この旅の時から一〇年後のことである。

伊賀屋を過ぎ、佐賀線と合流すると、佐賀に着く。その前に来た時は、木造の堂々とした駅舎が残っていたが、この時、すでに、まるで新幹線のような高架駅に生まれ変わっていたので、がっかりした。

さて、佐賀まで来てもすることがないことに変わりはない。私はリュックを背負い、佐賀の街をあてもなく、重い足を引きずりながら、ゆっくりと歩いた。夜七時になり、ようやくあたりが暗くなり始めたころ、私は一軒の店に入った。いかにも庶民的なその食堂は、そんなに高くはなさそうだった。その晩の夕食は、その食堂でテレビを見ながらできるだけゆっくりと食べた。すると、店のおばさんが言う。

「そげん大きな荷物持って、どこから来たとね？」

北海道から日本列島を縦断して、深夜の列車で長崎に向かうと言うと、

「そんなら、うちの二階で寝て行けばよか。時間になったら起こしてあげるけん」

と言う。このお店は夜遅くまで営業しているのだそうだ。この時ほど、人の好意が身に染みたことはない。彼女は小汚い貧乏旅行者の私を二階に案内し、布団まで敷いてくれた。佐賀駅の待合室で時間をつぶそうと思っていただけに、その家の二階でゆっくりと眠ることができたのは、本当にありがたかった。

熊本　13時15分（132列車）15時37分　鳥栖　ED76 40　ナハ11 138
鳥栖　17時26分（435列車）17時57分　佐賀　ED76 45　オハ46 377

二三　佐賀から旅の終着駅、長崎へ（長崎本線・佐世保線・大村線・長崎本線）

親切なおばさんは、真夜中の一時半に起こしてくれた。店はもう閉店していたが、小腹の空いた私は、冷麦を作ってもらった。この時の白くて細い麺は、ことのほか美味しかった。ネギを添えた冷たい麺が、するするっ、と喉に入っていく感触が心地よかった。

元気になった私は、足取りも軽く、深夜の佐賀の街を駅に向かった。駅には真夜中にもかかわらず、数名の客が列車の到着を待っている。これから乗る2時21分発長崎行「421列車」は、いよいよ、今回の客車鈍行の旅の最終ランナーである。

ED76形電気機関車に引かれた列車は、2時20分、ヘッドライトを煌々と光らせながら、佐賀駅の2番ホームに入線してきた。待ちに待ったアンカーの登場だ。荷物車を先頭に一〇両の堂々たる編成である。うち荷物車と郵便車が三両、B寝台一両、客車六両で、そのうち客車二両は早岐《はいき》で切り離されて佐世保まで行く。寝台車が連結されているので、この列車には「ながさき」という愛称がつけられている。一週間前の深夜に、京都府の綾部駅から乗った「山陰」は座れなかったのが、今夜は通路側の席を確保することができた。これから終点の長崎までは四時間余り。夜が明けるころ、いよいよ最終目的地の長崎に到着である。

列車は真夜中の鉄路を黙々と走る。さすがに丑三つ時とあって、車内は寝静まっており、声を発する者はいない。乗客のいびきと、列車の走行音だけが車内に響いている。そんな中、寝つけない男性が、外を眺めながら、ゆっくりと煙草の紫煙を吐いている。

鍋島、久保田と、深夜の誰もいない駅に停車する。久保田からは唐津線が接続するが、もちろん、こんな時間に発車する列車はない。

肥前山口では長崎と佐世保を昨夜出発した門司港行の「ながさき」が停車している。この駅から長崎本線と別れ、佐世保線に入る。長崎へ行くには、肥前山口から佐世保線に入らずに長崎本線をまっすぐに行った方が近いが、この列車はあえて遠回りの佐世保線、大村線経由で走る。このルートは一八九八(明治三一)年、九州鐵道の路線として、鳥栖から長崎まで最初に開通した路線である。その後、国鉄に編入されて、肥前鹿島経由の現在の長崎本線が開通するまでは、こちらが長崎本線だったのである。

佐世保線は単線だが、深夜に行き違う反対列車もなく、大町、北方、高橋と乗降客のいない小さな駅にも律儀に停車する。停車すると束の間の静寂が訪れ、甲高いホイッスルの音と共に、発車時のガクンという、機関車からの振動が伝わってくる。

3時18分に着いた武雄（現・武雄温泉）では、六分間停車する。佐賀でゆっくり休んで目がさえていた私は、跨線橋を登り、入場券を買いに行った。深夜でも、窓口や改札口には駅員がいて、この駅で降りる客も何人かいた。当時はまだ、二四時間営業のコンビニやファミレスもなかったが、深夜に列車の発着がある国鉄の駅は、夜通し営業していたのである。

目を閉じると、さすがに眠くなってきた。陶磁器の街、有田で五分停車したはずだが、熟睡していて記憶にない。夢見心地のうちに県境を過ぎ、佐賀県から長崎県に入る。

4時10分着の早岐で目が覚めた。佐世保行の車両を切り離し、電気機関車からディーゼル機関車に取り換えるため、一三分間停車。古い大きな駅舎の改札口に、駅員の姿が見える。

早岐を発車後、うたた寝をしていて、ふと気がつくと、右手に大村湾が見えた。夜明け前の薄暗い空の下、波静かな湾の向こうに、対岸の西彼杵《にしそのぎ》半島がぼんやりと見えている。時刻は午前5時。やがて、列車は松原に停車した。

大村で何人かの客が降り、諫早《いさはや》には正に夜が明けようとする5時35分に着いた。諫早で九分停車した後、再び、長崎本線に入って終点の長崎を目指す。

喜々津《ききつ》を発車すると、列車は旧線と呼ばれる海側の線に入った。喜々津～浦上間の長崎本線は、大草を経由して海際を走る旧線と、現川《うつつがわ》を経由して山をトンネルで抜ける新線の二手に分かれる。優等列車はすべて距離が短い新線を走るが、我が「421列車」は旧線を走る。新線はトンネルばかりだが、旧線は風光明媚な大村湾を眺めながら走るのである。

列車はいくつかのトンネルを抜けると、間近に大村湾に寄り添って走る。東園《ひがしその》を通過し、明けたばかりの東の空に太陽が登って行く。まるで、湖のような静かな海に、日の光が反射する。ついにやったぜ、朝日がまぶしい。とうとう、俺はこの長い鉄路の旅に耐えたんだ。そんな思いが胸を去来する。この五週間の出来事が走馬灯のように次々と頭に浮かぶ。

列車は大草を過ぎると、急な坂を登り始めた。そして右手の眼下に広がる大パノラマ。海の向こうに見える山は、経ケ岳であろうか。松ノ峠トンネルの中でサミットを過ぎてスイッチバック駅の本川内は通過する。みかん畑の間を抜け、長与まで坂を下り続けた列車は、やがて道ノ尾に至る。この駅には右手に古い木造駅舎が見える。この駅舎は、あの原爆投下の時、爆心地から五キロも離れていないにも関わらず、少し傾いただけでその衝撃に耐えたのだという。当時、まだ駅の周囲に民家が点在するだけだったが、現在では駅前に大きな新しいマンションが建ち、クルマが頻繁に行き交う。そんな中で、まるで、この駅だけ時間が止まったかのように、天井も窓枠も改札口もすべて昔のままの姿を今に留めている。

列車はいよいよ長崎市内に入った。長崎は坂の多い町。山裾に民家が並んでいる。右手からトンネルを抜けてきた新線と合流し、左手に長崎電気軌道の路面電車、右手に市営大橋球場を望むうちに、浦上《うらかみ》に着く。原爆の爆心地に近い浦上は、一八九七（明治三〇）年に九州鐵道長崎駅として開業し、一九〇五（明治三八）年に現在の長崎駅まで延伸するまでは、終着駅であった。そんな浦上を発車すると、次はいよいよ、終着駅の長崎である。列車はゆっくりと長崎駅の頭端式のホームにすべり込んだ。一九七六（昭和五一）年八月一二日、時刻は6時39分。定刻の到着であった。長崎駅の改札口で、私はこの長旅で使った乗車券を手元に残したい旨を申し出ると、駅員氏は、その券を眺めてびっくりしたが、すぐに長崎駅の下車印を押して、気持ちよく手渡してくれたのであった。

佐賀　2時21分（421列車）6時39分　長崎　ED76 37↓DD51 733　オハ47 38

旅のエピローグ……そして、それから四二年

私の旅はこれで終わったわけではない。長崎駅に到着後、直ちに長崎港に向かった。この長い旅は北海道の天売島、焼尻島、そして、利尻島から始まった。私は列車だけでなく、船旅も好きで、日本中のできるだけ多くの離島に行きたいと思っている。日本海に多くの島々がある長崎県まで来た以上は、どこかの島に立寄りたいと思っていた。そこで、数ある島の中から、五島列島の福江島を目指したのだった。長崎港から福江港までは、フェリー五島で三時間半の航海。青函連絡船以来の船旅である。

福江島では、五島三井楽ＹＨに三連泊して長旅の疲れを癒した。ＹＨは港からバスで一時間以上の距離があるので、もちろん、バスには乗らず、ヒッチハイク。滞在中、福江の武家屋敷や石田城址を見学し、バイクの後ろに乗せてもらって、島の西端にある大瀬崎灯台や、玉之浦のルルドを訪

ねた。三井楽町の高浜海岸では海水浴を楽しんだ。
長崎に戻った後、その夜の急行「雲仙」で、ようやく私は家路についた。かつて旧型客車だったこの列車は、この時、すでに自動ドアで、窓の開かない14系客車に置き換わっていた。

こうして、私の日本縦断の長い旅は終わった。神戸の自宅を出てからから帰宅するまでの三九日間、全国三三都道府県を通過する壮大な旅であった。道中、一度も切らなかった髪の毛が、随分と長くなったものである。

この旅の途中で、私は次のように書き綴っている。

人生は永遠の旅路である。人生とは苦しみ、そして、それに耐えること。俺の旅は正にそれだ。辛い。苦しい。この列車に乗車後、すでに六時間余、暑さと気だるさと、そして長い時間との闘いが今も続いている。俺の旅は正に耐えることなり。

だが、今にして思うと、なんとアホなことをやっていたのかと思う。せっかくの日本縦断の旅を、なぜ、もっとのんびりと楽しめなかったのかと。やはり、若気の至りだったのか、ひたすら猪突猛進であったのだ。

その時から、三〇年ほど前の戦中戦後には、過酷な状況の中で、正に命を懸けた厳しい汽車旅を強いられた人々が大勢いたことを思うと、こんな悠長な旅ができて、平和な時代に生まれたことが、いかに幸福だったのかと思う。

思えば、この旅の道中、随分、多くの人たちにお世話になった。北海道の石北本線や室蘭本線で入場券を集めてくれた車掌さん、仙台、東京、大分で再会を果たした友人たち、高崎と松江でご馳走してくれた人や、門司駅で早朝にお弁当を差し入れてくれた青年、ヒッチハイクで乗せてくれたドライバー。そして、店の二階で休ませてくれた佐賀の食堂のおばさんまで、数えあげればきりがないほど、多くの方々のお世話になった。大阪駅まで送ってくれて、その後、出雲路を共に旅したり、鹿児島で市内を案内してくれた後輩たち。各地のユースホステルで一夜を過ごし、共に山に登り、海を眺めた大勢のホステラーたちの明るい笑顔……。それら、すべての人たちに感謝したい。そのうち多くの人とは一期一会の出会いであったし、あまりにも長い時間が過ぎてしまったけれど、その後、それぞれ、どんな人生を歩まれたのかと思うことがある。

あの時代、東海道新幹線が開通して一二年、前年には山陽新幹線が博多まで開業した。だが、蒸気機関車が全国の国鉄線から廃止されてから、たった一年しか過ぎておらず、まだまだ、旧態依然とした列車が日本中を走っていた。禁煙車は都市近郊の国電以外にはなかったし、特急や急行でさえも、大半の列車のトイレは線路に垂れ流しのままだった。当時の乗車券は、駅窓口での手売りの硬券が主流で、短距離乗車券の自動販売機は普及しつつあったものの、自動改札機は国鉄では武蔵野線に試験導入されたに過ぎない。大きな駅の改札掛員の入鋏の鋏さばきは、そのリズミカルな音が、まるで名人芸のようであった。ホームのアナウンスは、今のような画一的なテープではなく、もちろん駅員の肉声だった。人によってその抑揚が異なり、なんとも味わい深かった。

パソコンや携帯電話、デジタルカメラなどは存在するはずもなかったし、コンビニエンスストアやファミリーレストラン、宅配便もまだなかった。キャッシュカードは一般的ではなく、私は旅の道中、郵便貯金通帳と印鑑をリュックの底に忍ばせていた。

また、テレホンカードどころか、百円玉の使える公衆電話もなかったため、市外通話は十円玉をたくさん用意するか、三分間均一料金の100番通話を利用するしかなかった。僻地に行くと、まだダイヤル直通電話がなく、すべて交換手を通さなければ電話が通じない地域さえもあった。

本稿で度々登場したユースホステルは、一九七〇年代には六〇万人を超えて世界一となった会員数が、現在では三万人ほどに減少したという。これは、少子化による若年人口の減少だけでなく、価値観の多様化により、見知らぬ人たちとの相部屋や、さらには禁酒、早い消灯時間などのＹＨのルールを好まない現代の若者たちに受け入れられなくなったのであろう。これは、時代の流れとしてやむをえないことかもしれないが、あれだけ多くの若者たちが集い、あの楽しく健全な日々を過ごしたＹＨが衰退してしまったことは、あまりにも寂しいとしか言いようがない。
当時は今ほど便利な世の中ではなく、必ずしも裕福ではなかったけれど、人々は今よりも人情に厚く、おおらかな時代だったと思う。あのころは地方に行けば、どこでも簡単にヒッチハイクができたし、見知らぬ人の家に泊めてもらったこともあった。四人掛けボックスに座ると、会話の花が咲くことが、今より多かった。そして、あの青春の日々が、本当に良い時代だったとつくづく思うのである。

また、このころの国鉄のダイヤは実に正確だった。国鉄末期といえば、労働組合のスト権ストや、それに伴う順法闘争による列車の遅延や運休が多く、何かと評判が悪かった。でも、平時においては、たとえ、一分でも列車が遅れることは滅多になかった。この旅の道中でも、函館本線が一二分遅れたことと、羽越本線が三分遅れた以外は、列車が遅れた記憶がない。あの頃は大雪や荒天でも運休することは極めて稀だったし、平常時の定時運転率は、九九パーセントであったという。当時の国鉄の方が、遅延や運休の多い今日のＪＲや民鉄と比べて「絶対に列車を止めてなるものか」といった鉄道員魂があったと思うのは私だけだろうか。

私が最後に現役の旧型客車に出会ったのは、あの旅から九年後の一九八五（昭和六〇）年五月、山陰本線の宍道から鳥取まで乗った時のことだった。正に愛しい友との永遠の別れのような悲しい気持ちだったことを、今も鮮明に記憶している。

幸い、大井川鐵道の「SLかわね路号」、津軽鉄道の「ストーブ列車」では、今でも昔ながらの旧型客車を運行しているし、JR東日本でも、旧型客車を「レトロ客車」として時々走らせている。けれども、それらはあくまで観光用であり、大抵、一時間もすれば、終着駅に着いてしまう。それに、JR東日本のリニューアル版は、ピカピカに磨いた上に、ドアは自動扉に改造されているので、これは、もはや旧型客車とは言い難い。

今や、夜を徹してひた走ったり、早朝に始発駅を発車して、深夜まで走り続けたりする客車鈍行は日本には存在しない。あの泥臭い人間味のある普段着の汽車旅こそ、客車列車の醍醐味だったのだ。

そんな列車が消えていくことは、時代の流れとしてやむをえないことである。それをわかっていながらも、旧態依然とした旧型客車が日本中を走っていたあの時代が懐かしく思えて仕方がないのである。

一九九四（平成六）年の冬、青森駅に行った時のことである。駅のはずれの引込線に、解体を待つ何両もの旧型客車が放置されていた。その時、多くの車両の窓ガラスは割られ、座席に雪が吹き込んでいた。それはなんとももの悲しい、客車たちの最後の姿だった。

各地の鉄道博物館に行くと、運よく保存された客車たちに出会うことがある。それらは、もう決して線路の上を走ることはない。けれども、そんな時、私は客車の中に入り、座席にそっと腰を掛けて、あの青春の日々を思い出すのである。

ああ、昭和は遠くなりにけり。だが、あの愛すべき列車たちとの旅の思い出は、一生涯、私の脳裏から消えることはない。「ガタガタタッゴトン、ガタガタタッゴトン……」あの懐かしい轍の響きが今も聞こえる。

あとがき

あの暑い夏の日々から、四二年以上の歳月が過ぎようとしている。あの旅の道中は、ずっと蝉の声を聞いていた。北海道ではエゾゼミ、関東ではミンミンゼミ、西日本に行くとクマゼミ。そして、どこでもいるのがアブラゼミである。

縦に長い日本列島、気候も違えば、草や木の植生や虫たちも違う。日が沈む時刻も西に行くに従って遅くなることを肌で感じた。

もちろん、本稿を執筆するに当たり、そんな遠い日のことをすべて記憶していたわけではない。古い記憶を辿りながら、当時の旅の手帳や走り書きのメモ、写真アルバム、ボロボロになった時刻表、地図帳などの資料に加え、あの旅の時に乗ったすべての路線を、改めて何回にも分けて乗り直した上で執筆を続けたのである。そのため、本書の構想から四年の歳月を費やすことになった。

その後、私は一九八一（昭和五六）年に国鉄全線を走破し、同時にその時点での全有人駅の入場券収集を完了した。また、二〇〇〇（平成一二）年には、地下鉄、路面電車、ケーブルカー、新交通システムに、国鉄から三セク化された路線を含めて、国内の全鉄道路線の完全走破を達成した。さらに、二〇一三（平成二五）年には、改めて、民営化後のＪＲ全線を乗り終えた。海外の鉄道にも目を向け、シベリア、オーストラリア、カナダの大陸横断鉄道をはじめ、世界二七か国を鉄道で巡った。

まだまだ続く、汽車旅人生。いつの日か、再び、あの遠い夏の日と同じルートで、日本列島を旅してみたいと思っている。

最後に、本稿の構想を始めたころ、敬愛する種村直樹さんがお亡くなりになったという悲しい知らせに接した。私が本格的に汽車旅を始めた時期と、種村さんのレイルウェイ・ライターとしてのデビューがほぼ同じだったこともあり、幾度となく手紙を交換し、私のこの旅のことを、名著『鉄道旅行術』の初版に紹介して頂いたこともある。その後、私が旅紀行を書くようになってからは、直接お目にかかり、鉄道関係の写真家やライター、編集者が集う会合で、共に温泉の湯に浸かり、何度も親しく杯を酌み交わさせて頂く幸運にも恵まれた。今は、ただ、生前のご厚情に感謝申し上げるとともに、心からご冥福をお祈り致します。

そして、本稿の執筆を私に促して下さったクラッセの富田康裕編集長には、大変お世話になりました。この場を借りて深くお礼申し上げます。ありがとうございました。

二〇一八年五月

田中正恭

田中正恭（たなか・まさやす）
1955年、神戸市生まれ。甲南大学卒。紀行作家。
生来の鉄道ファンを自認。1981年に国鉄全線、2000年には国内の鉄道全線を走破。また、国鉄全駅の入場券を所蔵するなど切符収集家でもあり、国鉄民営化の際には、高島屋東京店で「国鉄全線大きっぷ展」を主宰。海外にも進出し、シベリア、オーストラリア、カナダの大陸横断鉄道など、世界27か国を鉄道旅行。鉄道を中心としたノンフィクション系の執筆活動を続けている。熱心なプロ野球ファンでもあり、通算観戦数1000試合以上。
主な著書に『モンゴル発シベリア行商列車』（文芸社）、『鉄道全線三十年』（心交社）、『消えゆく鉄道の風景』（自由国民社）、『夜汽車の風景』（クラッセ）、『よみがえれ、東日本！列車紀行』（クラッセ）、『終着駅』（自由国民社）、『プロ野球と鉄道』（交通新聞社）などがある。

日本縦断客車鈍行の旅－昭和五十一年夏、旧型客車で稚内から長崎へ－

2018年6月20日　第1刷発行
著　者　田中正恭
発行人　富田康裕
発行所　株式会社クラッセ
〒206-0002 東京都多摩市一ノ宮4-17-1
電話　042-310-1552
ウェブサイト www.klasse.co.jp/
装　幀　Kareha Design
印刷製本　モリモト印刷

ISBN978-4-902841-23-7 C0026